DECIPHERING SCIENCE SERIES
破译科学系列

王志艳◎编著

中国千古悬案
真相解密

科学是永无止境的
它是个永恒之谜
科学的真理源自不懈的探索与追求
只有努力找出真相，才能还原科学本身

延边大学出版社

图书在版编目（CIP）数据

中国千古悬案真相解密 / 王志艳编著. —延吉 ：
延边大学出版社，2012.6（2021.6 重印）
（破译科学系列）
ISBN 978-7-5634-4881-4

Ⅰ. ①中… Ⅱ. ①王… Ⅲ. ①中国历史－历史事件－
青年读物 Ⅳ. ① K205-49

中国版本图书馆 CIP 数据核字（2012）第 115136 号

中国千古悬案真相解密

编　　著：王志艳
责任编辑：李东哲
封面设计：映像视觉
出版发行：延边大学出版社
社　　址：吉林省延吉市公园路 977 号 邮编：133002
电　　话：0433-2732435 传真：0433-2732434
网　　址：http://www.ydcbs.com
印　　刷：永清县晔盛亚胶印有限公司
开　　本：16K 165×230 毫米
印　　张：12 印张
字　　数：200 千字
版　　次：2012 年 6 月第 1 版
印　　次：2021 年 6 月第 3 次印刷
书　　号：ISBN 978-7-5634-4881-4
定　　价：38.00 元

前言 Foreword

在浩瀚的中国历史长卷中，既有留存千年的文物古迹，又有曲折婉转的人物故事。时光荏苒，在岁月长河的冲刷下，那些曾经的人和物的故事，渐渐变得模糊，以致发展成诸多难以解决的疑案、奇案、怪案、冤案，一桩桩、一件件，至今仍然是众说纷纭、莫衷一是。尽管有史料典籍可供查证、追溯，但那些文字记载仍不足以还原真正的历史全貌。这些发生在古代中国的故事，就像谜一样召唤着人们不断去探究。对这些谜题的究根寻底，使人们更深切地感受到中华文明的悠久和神奇。

本书收录了在中国历史上影响最大、最有研究价值和最被广泛关注的诸多历史悬案，在综合历史研究成果的基础上，加之对诸多民间的秘闻传说的整理。我们试图将历史研究的科学性、知识性、探索性同民间传说的趣味性融为一体，在充分汇集相关历史悬疑各种说法的基础上，客观分析并尽力揭示了谜团背后的真相，力争给读者提供有关悬案最权威、最丰富、最全面的信息。与浩瀚的宇宙相比，人类的生命短暂得微不足道。因此，在有限的时光中，让我们保持自己的好奇心和想象力，共同走进中国古代那些谜一样的悬案中。

本书的编写，文字精练简洁，可读性强，适合不同层次读者尤其是青少年朋友的阅读需求。书中用娓娓道来的叙述语言和逻辑严密的分析方式，使读者在轻松愉悦的阅读中，不仅获得了知识，而且培养了科学严谨的求知精神。

本书在编写过程中，参考了大量相关著述，在此谨致诚挚谢意。此外，由于时间仓促加之水平有限，书中存在纰漏和不成熟之处自是难免，恳请各界人士予以批评指正，以利再版时修正。

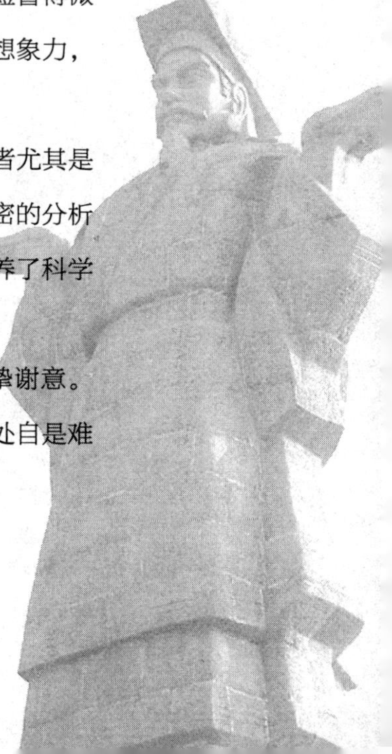

目录 CONTENTS

历史上真的存在“尧舜禅让”吗

“尧舜禅让”是中国远古时代的一段佳话，可惜从未见于文字记载，只是一个美丽的政治传说而已。早在春秋战国时期，后人对于它的真实性、准确性就提出了怀疑，而且说法不一。综合起来，大抵有以下几种：

一、授贤说

据说尧16岁开始治理天下，到86岁那年，觉得自己年老力衰，就叫大家举荐贤能的“接班人”，于是大家就推举了舜。

为了对舜进行考查，尧把两个女儿娥皇、女英嫁给了他。

△ 唐尧画像

据说舜是个眼珠里有两个瞳仁的奇人。母亲早死，父亲是个瞎子，后母愚悍，后母生的弟弟叫象，又凶横顽劣，三人合谋，总想害死舜，分掉他的财产。

有一次，舜的瞎爸爸叫他去盖粮仓顶，舜爬上去以后，他就撤掉梯子，放一把火，想把舜烧死。哪知，舜抓住两个斗笠，像张开翅膀的鸟一样，从粮仓顶上飘飘然降下地来。

还有一次，瞎爸爸叫他去淘井，舜下井以后，他们就填土，想把舜埋死。哪知，舜早已在井壁上凿了个洞，从旁边的斜道里爬了出来。瞎爸爸、

△ 虞舜画像

后娘、象都以为舜死了，就商量分掉舜的财产：牛羊仓库归父母，房子、妻子归象。舜回到家里的时候，象正坐在舜的床上得意地弹琴呢！

可是，舜非但没有怪罪他们，相反，对父母更加恭敬，对弟弟更加友爱。

舜到历山种地，历山的人本来为争夺土地闹得不可开交，舜一去，大家都谦让起来了；舜到雷泽去捕鱼，雷泽的人本来为争夺房屋打得头破血流，舜一去，大家就和睦起来了；舜到河滨去烧制陶器，河滨的陶器本来就质量粗劣，舜一去，陶器的工艺就精美了。后来舜住在哪里，人们就跟到哪里，一年，形成一个村落；两年，形成一个集镇；三年，形成了一个城市。舜的品格和能力经过了考验，尧就把治理天下的权柄交给了他，自己退居一旁颐养天年。这样一晃又过了8年，尧去世了，舜正式即了帝位。舜即帝的时候，已经61岁，到84岁的那年，觉得自己年老力衰，也叫大家举荐最贤能的“接班人”，大家推举了禹。

禹治水有功，三过家门而不入。舜也学着尧把治理天下的权柄交给了禹，自己退居一旁养老。17年后，舜去世了，禹正式即了帝位。

这就是历史书中所说的“尧舜禅让”。这种说法，以群众推举或领袖授予为基础，所以人们称这种说法为“举贤说”。

二、畏劳说

也有专家、学者认为，尧舜禅让，没有那么严肃和神圣，只不过人们不想担当这份辛苦的职务罢了。

《庄子》里也记载了禅让故事，说：尧让天下于许由，许由不受。又让天下于州支父子，州支的父亲说：“我刚巧得了忧郁症，正准备治病，哪有闲心治理天下？”后来，舜又让天下于善卷，善卷不受，躲进深山老林里，后来竟不知去向。

关于许由，《高士传》中记述得比较详细和奇特。书中说：尧想把天下让给许由，许由不受，逃避到箕山之下隐居起来。后来，尧知道了，就派人召许由，委任他当“九州长”。许由竟觉得这句话很脏，便煞有介事地跑到颍水之滨洗起耳朵来，洗着洗着，碰到了另一个高士巢父，他正牵牛喝水。巢父问：

“老兄，洗什么呀？”

“洗耳朵。”

“为什么要洗耳朵？”

许由说：“刚才尧派人来请我去当九州长，这么脏的话，污染了我的耳朵，所以来洗一洗。”

巢父听了，埋怨道：“哎呀老兄，你只顾你的耳朵干净，却没有想到把这么脏的话洗到水里，污染了水，牛怎么能喝呢？”

说着，又煞有介事地把牛牵到远远的上游喝水去了。

今日登箕山山腰，有一眼长3米、宽1.5米、深2米的石井，相传为许由当年拒位洗耳的洗耳泉。当地居民介绍，无论天气如何干旱，此井从未干涸过，至今仍是当地村民的饮用水井。泉水晶莹清冽，甘甜可口，有关专家说，如果这真是许由时代的遗存，可算得上中国历史上最早的水井了。

至于许由为什么会跑到箕山山腰来洗耳呢？有专家解释说，颍水的主河道离此不远，附近山上的水都汇入颍水。现在虽然看起来是泉，从前水量大时也是溪水淙淙，因此也算是颍水的支流，或者说就是颍水的源头之一。

对于巢、许二人，历来褒贬不一：赞扬的说他们不争名利，清高俊雅；贬斥的说他们消极厌世，逃避现实。不过，根据以上两段记载来看，既然这么多人宁可躲进深山幽谷，都不愿意接受这赐予的帝位，这被儒家经典渲染得神乎其神的“禅让”，也就不那么神圣和庄严了。

他们到底为什么不愿意即帝位？韩非有更精辟的见解，他说：“尧在位的时候，屋顶的茅草不整齐，房子的椽梁不雕饰；吃的是粗粮，咽的是野菜，冬天裹兽皮，夏天披葛布。现在即使一个守城门的人，收入也不会如此微薄。禹在位的时候，亲自背着犁耙版筑，泥里水里，带头干活；大腿上没有成块的肌肉，小腿上没有汗毛。现在，即使臣下奴婢，也不会如此辛劳。所以，古时让天下，不过是少了一份守门人之类的奉养，而远离了奴隶般的辛劳罢了！好逸恶劳，是人之常情，谁愿意自己辛劳一生，还把这份辛劳留给自己的子孙后代呢？”

三、拥戴说

孟子、荀子等人，则不认为真的有所谓禅让之说。

有人问荀子：“尧舜禅让的事，有吗？”

荀子说：“没有这回事，那是肤浅的传闻，粗俗的解说。天子职位最高，权势最大，有谁肯让呢？”

有人问孟子：“尧把天下给了舜，有这么回事吗？”

孟子说：“没有这回事，天子不可能把天下给人。”

那么，他们究竟是怎样得到天下的呢？荀子认为，那是靠他们自身的道德。孟子认为，那是靠上天的赐予和民众的拥护。换句话说，这是一场“道德”和“实力”的较量。

据《孟子·万章篇》记载：尧死之后，舜避尧之子丹朱于南河之南，天下的诸侯，不到丹朱那里去朝见，却跑来朝见舜；打官司的，不到丹朱那里去打官司，却跑来找舜；人们编出歌谣来，不歌颂丹朱，却歌颂舜。于是舜就接受了大家的好意，登上了帝位。

那就是说，不管尧禅不禅让，诸侯和民众一拥戴，天下就是舜的了。

到了禹的时候，故事重演，又即了帝位。

这种“拥戴”，与几千年后的宋太祖陈桥兵变，黄袍加身，又有什么区别呢？

四、篡夺说

也有人干脆认为无所谓“禅让”，有的只是“篡夺”。

△ 位于陕西省黄陵县城北桥山的轩辕黄帝陵

据《史记》记载，舜取得了行政管理权之后，进行了一系列大刀阔斧的人事改组：被尧长期排除在权力中心之外的“八恺”、“八元”，舜同时起用了，历史上称之为“举十六相”，这显然是扶植亲信。尧未曾排除，或者说正在信用的混沌、穷奇、口杌、饕餮，舜同时除掉了，历史上称之为“去四凶”——既然尧如此贤明，又怎么会重用四凶呢？这显然是排除异己。经过这番人事改组之后，已被架空的尧，其结局可想而知了。《括地书》引《竹书纪年》说：“昔尧德衰，为舜所囚也。”又说：“舜囚尧……使（其子）不与父相见。”

尧被囚禁的地点是平阳。大概是舜先把尧软禁起来，不准同儿子、亲友见面，然后逼他让位。最后，把他的儿子放逐到丹水。因此，《韩非子·说疑》篇里感慨地说：“古之所谓圣君明王，都不过是构党与，聚巷族，逼上弑君，以求其利也。”有人问他何以知其然，他明白无误地指出：“舜逼尧，禹逼舜，汤放桀，武王伐纣。”这些都是人臣弑君的典型例子。一个“逼”字，也许正好道出了“尧舜禅让”的真相。

尧交出政权以后，大概是可以安享天年的，因为他毕竟是舜的岳父；而舜交出政权之后，可就没有这样优待的政策了。

史载：舜南巡，死于苍梧之野，葬于九疑山，他的妻子娥皇、女英则跟到湖南一带，在君山抱着竹子放声大哭，眼泪滴到竹子上，留下了点点滴滴的斑痕，后人称之为“斑竹”，或者“湘妃竹”。听到了舜的死讯以后，她们两姐妹也投湘水自杀了。

值得怀疑的几点是：

一、几千年前的苍梧之地，完全是片人烟稀少的蛮荒之地，既没有知名的经济、文化中心需要视察，也没有强邻劲敌需要防范，早已交出了权柄的舜，有南巡的必要吗？

二、舜建都蒲坂（即今之山西永济县），与苍梧相距数千里，以当时的交通条件，即使以每天70里的速度去走，也需几年时间才有一个来回。须知，舜当时已经将近百岁高龄，即使他想视察，有这可能吗？

三、这样的高龄远出，为什么不携带妻室儿女？既然决意不带家眷，娥皇、女英又为什么哭哭啼啼地赶到湘江，最后竟投水而死？据此，台湾的柏杨先生得出的结论是：要不，是武装押解，不得不往；要不，是追兵在后，盲目逃生。两者必居其一。

纵观以上各种说法，要想真正解开这个谜团是不容易的，但它毕竟反映了几千年来人们对天下（国家）管理和政权交接的一个美好愿望和憧憬，这是毋庸置疑的。

商纣王真的是暴君吗

△ 商纣王画像

商纣王是商朝第29个君主帝乙的幼子，名叫受辛，也是商王朝的最后一个君主。“纣”是“残义损善”的意思，“纣王”是后人给他的一个恶毒的评价。据《史记》记载：他博闻广见，思维敏捷，身材高大，膂力过人。他的口才足以把好的说成坏的，坏的说成好的；他的气力足以托梁换柱，徒手杀虎。他能一手抓住9条牛的尾巴，9条牛就只有趔趔趄趄地向后倒退。大约公元前1047年，他带兵讨伐苏部落，俘获了苏部落首领如花似玉的女儿，这就是后来被称为“九尾狐狸精”的妲己。

《尚书》中的《泰誓》三篇和《牧誓》，是武王伐纣时沿途发布的文告，其中公布的商纣王罪行大致是可信的。主要有：

一、沉湎酒色，听信妇言，大兴宫室台榭，陂池侈服，生活奢糜腐化；

二、不敬祀上天、祖先，不信任亲族忠良，闹得朝廷分崩离析，众叛亲离；

三、收罗四方的奴隶和罪犯，宠信奸宄，重用小人，使朝廷成为逃亡者和冒险者的乐土；

△ 处于青铜时代的商朝，青铜冶炼和铸造工艺日趋成熟，工艺十分精美。图为商代稀有牛形酒斟

四、残忍暴虐，荼毒四海，即所谓“析朝涉之胫，剖圣人之心”，“焚炙忠良，刳剔孕妇”等。这些指责，虽没有交代具体情节，但煽动性仍然是很强的。特别是第三条，使得正处于奴隶社会的诸侯，恨得咬牙切齿。后来许多昏庸无道的传说，都是这几条纲领性文字的具体化和发展。

其主要有：

酒池说。据说纣王喜欢饮酒，他凿地为池，池中储酒，酒上行船，纣王同姬妾亲众，在池里一面划船，一面饮酒作乐。

肉林说。据说他在宫内竖起像树林一样的木桩，上面挂满烧熟、煮熟、烤熟、熘熟的鲜肉，命令一些陪伴他的漂亮男女裸露着躯体疯打追逐，饿了就吃，吃了就玩，昼夜不息。

鹿台说。纣王大兴土木，花了7年的时间，造了一座鹿台，地基3里见方，高百丈。把搜刮来的金银珠宝、美女佳人都聚集在台上，昼夜狂欢，常达七日七夜，以致君臣姬妾都忘记了日月时辰。

炮烙说。所谓炮烙之刑，就是用炭火把中空的铜柱烧红，然后强迫那些他要残杀的人在上面爬行，直烙得皮焦肉炭而死。

析胫剖孕说。据说在一个冬天的早晨，商纣王穿着裘袍，拥着炉火，仍觉得寒冷不堪。可巧，有一个农夫赤裸着脚，涉水过河，他大发奇想，想知道这农夫的脚是什么特殊材料制成的。于是，叫人砍掉他的双脚，拿来研究。出于同样的目的，他还叫人剖开孕妇的肚子，观察正在成长的胎儿。

这些残暴的行径，理所当然地引起了民众的公愤。

还有一些关于纣王的传说，一说纣王有个叔叔，叫比干，是一位德高望重的长者。他当然对受辛的倒行逆施大为不满，于是下定决心，前去直言相谏。纣王说：“我听说圣人的心有七窍，你当然是个圣人，今天我倒想看看你的心是不是真有七窍。”说着，就命人把他的心挖了出来。据说，可怜比干的心被挖掉以后，还踉踉跄跄地走到了田野，看见一个妇人在挖野菜。

他问：“你挖的什么菜？”

妇人说：“无心菜。”

他又问：“这菜真的是无心吗？”

妇人说：“不是的，只是空心罢了。”

圣人似乎记起了什么，自言自语道：“难道草木也要有心吗？要是人没有心呢？”

妇人说：“先生真是说笑话了，草木无心不能活，人无心就要死。”

圣人叹了一口气，说了声“知道了”。于是，便颓然地倒在地上死了。

二说纣王有3位大臣，称为三公。其中九侯、鄂侯早已被剁成了肉酱。西伯姬昌（就是后来的周文王）也被囚禁在前羑里（今河南汤阴一带）。

别出心裁的纣王开了一个残酷的玩笑，他将姬昌的儿子伯邑考杀了之后，做成肉羹，叫人送给姬昌食用。国王送来的东西，即使毒药也是不能不吃的。姬昌乖乖地吃了，却翻肠倒胃地不安起来，胃部经过几阵痉挛之后，大口大口地吐了。说来也奇怪，这些吐出来的肉羹，落地就变成了一群活泼可爱的小动物：雪白的毛，红亮的眼，一副温驯乖巧的样子。大约为了记录纣王的残暴，或者是感伤文王的悲哀，人们就把这些小动物叫做“兔子”。兔子，就是文王“吐出的儿子”。

这些传说真真假假，当然不足成为历史评价的依据。但仍然可以看出人心向背，看出民间对纣王的道德评价是何等的低劣。

据说纣王在开够玩笑之后，他居然纵虎归山，把满怀怨愤的潜在对手姬昌——未来的文王，放归了封地西岐。纣王以为经历了这番惊险之后，西方是安定的。正当文王处心积虑地策划着灭商决战的时候，他却把目光转向了东方，征服东夷，开拓东方的疆域。

大约是公元前1066年，这对于商、周两个王朝，都是难以忘怀的年份。

一方面，商纣王在征服东夷的战斗中大获全胜，俘获了亿万俘虏，留下了重兵监守之后，自己却带着一支轻骑——正所谓“春风得意马蹄疾”——马蹄敲打着坚冰，“嘚嘚嘚”地赶回朝歌过年，这当然是一个太平、祥和、胜利和欢乐的新年。

另一方面，文王的儿子姬发（周武王），背着文王的灵牌，在是年的正月，开始了讨伐商纣的大进军。据说进军之前，武王先派间谍到朝歌刺探形势，谍报说：“坏人都当权了，可以干了。”

武王说：“还不是时候。”

不久，谍报又说：“好人死的死了，跑的跑了，可以干了。”

武王说：“还不是时候。”

最后，谍报说：“老百姓闭嘴缩舌，都不敢讲话了。”

武王说：“是时候了！”

武王明白，没有广大群众的支持，纣王的气力充其量也不过只能杀死一只猛虎。

于是武王赶着300辆战车，士卒45000人，再加上3000“虎贲”——大概是训练有素的敢死队——出发了。

一路上，发布文告，表示决心，几乎没有遇到多大抵抗。在孟津，他会合了八方诸侯，取得了许多部落和友邦的支持，直到距离朝歌仅70里的牧野，纣王才临时把战俘、奴隶编入队伍，拼凑成了一支17万人的军队。这是一场力量悬殊的战斗。假如商纣王东征的大军已经回朝；假如商纣王清醒地估计自己的实力，不匆忙迎敌，固守待援；假如，临时整编起来的军队，以3～10倍的优势协力奋战……历史将可能重写。

事实恰好相反，商纣王拥有一切优势，他缺乏的只是士气和民心，两军刚一接触，商纣王的战士不但不奋勇直前，反而掉转矛头，一路反杀过来，成了周武王的前锋。用周武王的话来说，就是：“受辛率领的部队，像树林一样的密集，却没有同我们打仗，前头的部队掉转戈矛，攻打他的后续部队，血流得可以漂起盾牌。”就这样，武王的部队不曾有过真正意义的战斗，就取得了胜利。

纣王带着残败的部队逃到鹿台，一把火把自己烧死了。他的妻子妲己也被武王送上了断头台。

△ 司母戊大方鼎

那么，纣王真的是如此残暴吗？最早对此提出怀疑的是孔子的学生子贡。他说：“商纣的罪恶，不会像传说中说的那么严重吧？所以，一个人不能让自己沦入‘下流’的境地，一旦到了那种境地，天下的罪恶都加在他的头上了。”

近代著名历史学家顾颉刚，在考察了商纣王70条罪恶的发生次序后说：“商纣王的罪行，是随着时间的推移，不断增加的。那就是说，距离纣王的时代越远，罪恶也加得越多，那真实性和可信程度也就越来越小了。”

为商纣翻案的论点集中在以下几个方面：

一、商纣的所谓暴行，大都出于他政敌的丑化。比如，奢侈糜烂，暴虐荒淫，镇压反叛，剪除异己，是一切统治阶级的共性，商纣王当然也不例外。这些斑斑劣迹之所以在商纣王身上显得异常突出，是出于政敌的丑化和宣传。因为，历史总是由胜利者写就的。

二、女祸亡国论。妲己是纣王剿灭苏部落后的俘获品，其处境应该是很可悲的。《泰誓》中虽然有“唯妇言是用”的指责，《史记》也提到了“嬖妾二女”，但都没有指名道姓，公布劣迹。把劣迹归于妲己一人的最早记载，是西汉末年刘向的《列女传》，那距离商纣时代已是整整1000年了。这种指责，到底能有多少的历史根据呢？

其实，在那样一个男尊女卑的封建社会里，无论怎样漂亮的女子，都

△ 四羊方尊被公认为中国青铜铸造史上最伟大的作品

不过是帝王的玩物。没有这些女子，他们凶残的本性照样会发挥得淋漓尽致。但一旦亡国灭身，就有人在为他们寻找替罪羊，于是，夏桀有妹喜，商纣有妲己，周幽有褒姒，仿佛没有这几位女性，他们就一定会“天子圣明”一样。因此，在商纣故事里掺和着妲己，实际上是小说家的调味品，不足为信。

三、从中国的统一和中华民族的发展上历程上看，商纣王平定东夷，对于开拓淮河流域、长江流域，促进南北方文化交流、融会，是有很大的历史功绩。秦始皇酷刑峻法，何尝不暴？隋炀帝穷奢极侈，何尝不虐？武则天杀子夺位，何尝不毒？但历史还是实事求是地肯定他们或在统一中国，或在沟通南北交通，或在发展生产、重用人才方面的作用。对商纣王，也应采用同一标准，一体对待。

四、打击元老派，重用“小人”，实质是用人唯才思想的体现。收罗四方逃亡的奴隶，重视俘虏，在低阶层的民众或逃犯中选用人才，不只是适应商王朝较高的经济生活发展水平的需要，而且也是奴隶制走向崩溃时期的必然产物，更是有一定的进步意义。

总之，殷商王朝的灭亡，具有历史发展的必然性。商纣王的穷兵黩武，暴虐荒淫，可能是加速了灭亡过程，但如果因此就抹杀他在历史上的作用，把那些对他的指控都信以为真，因而认定他是一个比一切帝王更加残暴的“暴君”，则恐怕不是历史唯物主义的态度了。

为何屈原在“鬼节”投江

屈原是战国时期楚国人，是我国伟大的政治家和文学家。据说他因为受政治迫害，而被流放，在楚国灭亡之际，“屈原至于江滨，披发行吟泽畔……于是怀石遂自投汨罗以死”。（《史记·屈原列传》）。但是屈原为何投江，为什么要选择溆浦作为他流放的栖身之地，为什么还选择被称为鬼节和凶日的五月初五自杀，一直让后世迷惑不解。

历来人们对屈原投江的原因都有很多看法。

第一种看法认为屈原是痛恨朝政紊乱、世事昏浊而投江。这种说法始于汉代。班固的《离骚赞序》云：“屈原痛君不明，信用群小……不忍浊世，自投汨罗。”刘向的《新序·节士》云：“屈原疾暗世乱俗，汶汶嘿嘿，以是为非，以清为浊，不忍见于世，将自投于渊。”司马迁在《史记》所写的《屈原列传》也持这种看法。

第二种说法是殉国说。此说盛行清朝至今。宋朱熹的《离骚经序》云：“不忍见其宗国将遂危亡，遂赴汨罗之渊自沉而死。”清王夫之在《楚辞·九章通释》中认为，屈原眼看郢都沦陷，国都已破，于是不忍国亡而投江殉国。

第三种看法是屈原尸谏说。王之江在《屈原之死刍论》中认为，楚国濒亡，但屈原已被流放之中，无力身谏楚王。屈原为了让楚王醒悟，于是采取尸谏之法，投汨罗江而死。

第四种说法是屈原被楚王赐死而投江的。这部分人认为在史籍中有许多自沉、自缢、自鸩、自刎者，名为“自杀”，实为诛杀、弑杀、刑杀。而且古代又有“刑不上大夫”的俗规，因此，“大臣有罪，皆自杀”，这就是

△ 屈原画像

"有赐死而无戮辱"的"优刑"。屈原不仅曾任过三闾大夫，而且还任过仅次于令尹的左徒。屈原的流放，实际是变相的死刑。他们还说司马迁的《史记·屈原列传》曰"流放"、"迁之"皆诛也。这些说辞其实是赐死的变相说法。

第五种说法是说屈原是被谋杀的。这些人认为，屈原做了秘密爱情的牺牲品，他最眷爱和迷恋的"湘夫人"就是楚怀王的宠妃郑袖，与郑袖私通而遭致流放。楚怀王之子顷襄王即位后，屈原的政敌对其进行谋杀。刺客在汨罗江上乘龙舟追杀屈原，屈原乘另一艘龙舟飞快逃跑。最后被刺客装入麻袋投入江中，并说此即为赛龙舟和包粽子的情形。对端午的解释是："端"就是端正、澄清之意，"午"是"忤"的通假字，"端午"就是澄清谎言的意思。但此说都被认为是信口雌黄和故意哗众取宠的说法。

此外，在湖北一带流传着这样的传说：相传屈原遭奸佞中伤后，被楚怀王流放到沅湘荒蛮之地。楚怀王在秦国死后，顷襄王即位。当时的楚国已经十分腐败，秦军经常犯楚，占领了楚国不少地方，后来又攻破郢都，并追杀顷襄王。顷襄王非常悔恨，当初不该亲秦，更不甘心楚国近800年的基业毁于自己手中，于是他想到了被流放在汨罗江一带的屈原，就去找他商议救国大计……秦军闻讯后紧紧追来。在这危急关头，屈原与顷襄王换了衣服，并且在秦军的视线下跳进了汨罗江。秦军看到"顷襄王"沉入江中，停止了追杀，使顷襄王得以脱险。

屈原离开楚国郢都，渡长江，过洞庭，溯沅水，不远千里来到现在的怀化市溆浦县，也引起人们的众多疑问。有人说是因为“流放”，有人说是放逐，还有人说是组织军队抗秦救国，甚至说是为了追寻先祖的踪迹。溆浦屈原学会会长禹经安认为，屈原没有在途经的“山皋”、“方林”等地停留，说明他的目的地是溆浦而不是其他地方。据考证溆浦是战国至西汉年间的战略要地，这里居住着很多民族，文化经济发达。禹经安分析说屈原来溆浦是有目的的，他还认为屈原来这里是为了组织黔中军民“抗秦救国”和寻找先祖的踪迹，这两种说法有一定道理。也就是说屈原可能并不是被放逐到溆浦的，而是受楚王的派遣带着抗秦复郢的任务来的。这也是历史上的所谓“南人反秦”。也有人说屈原在溆浦生活了16年，是屈原文化的摇篮，所以屈原最后选择在这里自杀。

最后一个问题就是，农历五月初五是楚国的凶日和鬼节。屈原为何选择这一天投江自尽呢？有人认为屈原早在溆浦就已萌生了“忽乎吾将远行”的离世思想；在《离骚》中也两次提及要像彭咸（原殷朝贤臣，因谏不成而投水自尽）那样投水而死。此后在《思美人》、《悲回风》中同样多次提到“彭咸”。因此他就在这天投汨罗江自杀了，选择这天只不过是“碰”上的。

也有人说屈原是为了追随舜帝而在这天自杀的。因为屈原是一个非常浪漫的诗人，他对自己的出生时辰是否吉祥和富有的含义看得很重，他曾称自己是太阳神的后裔。而舜帝正是楚国人信仰的太阳神，并且楚人会在五月初五来拜祭舜帝。屈原曾畅想跟随舜帝畅游仙山，“与天地兮同寿，与日月兮齐光”。因固在生前不能实现这个愿望，就想死后来实现它。于是屈原有意选择了拜祭舜帝的这天投江了，希望可以与梦中的舜帝相聚一堂，去完成生前不能实现的政治愿望。

屈原投江以后，人们为了纪念这位伟大的爱国诗人，就命名五月初五为端午节，每年都来纪念他。也许，从屈原投江以后，一切的秘密都已经随他而去，今人的观点也不过都是揣测而已。

绝代佳人西施的下落如何

作为四大美人之一的西施，在中国几乎无人不知。西施生在春秋末年的越国，是诸暨苎萝山下一个樵夫的女儿。公元前487年，文种向越王进献了破灭吴国的9条策略，其中第四条便是“遗美女以惑其心而乱其谋”，即通过所谓的美人计来蛊惑其心，以达到乱其谋略的目的。于是西施和另外一名美女郑旦，就被越王派出的“相者”选进了越国都城。一个僻居穷壤的农家女子，就这样突如其来地卷入了吴越争霸的政治斗争风云中，成了权谋家的道具。公元前485年，西施由范蠡送入吴都，献于吴王夫差。夫差对西施异常宠幸。据《吴地志》、《姑苏志》记载，夫差得到西施后，曾择虞山北麓筑石瓮城作为娱乐之所，又在灵岩山做馆娃宫以消夏。至今在灵岩山上仍保存着西施洞、馆娃宫、玩花池、玩月池、梳妆台、琴台、石城等当年与西施有关的古迹。

但是，这位绝代佳人在公元前473年吴国灭亡、夫差自刎之后的下落如何，却成为两千多年来后人一直聚讼纷纭、始终未得解决的谜。

开始引起人们广泛争论的，是唐代诗人杜牧的《杜秋娘诗》。诗中说：“西子下姑苏，一舸逐鸱夷。”由于对诗句中“鸱夷”二字不同的解释，对西施下落的判断也大相径庭。一种说法认为鸱夷是指伍子胥。因为伍子胥被夫差赐属镂剑自杀，临死时说：“请在我死后，把我的眼睛悬挂在东门之上，我要亲眼目睹越国攻破吴国的城池，亲眼见证吴国的灭亡！”

吴王听后勃然大怒，遂派人将他的尸体“盛以鸱夷，而投之于江”。这里，“鸱夷”的是指皮囊。吴国亡后，越国以为伍子胥的死，是由于西施进谗的结果，于是也把她沉于江中，让她逐子胥鸱夷以终。另一种说法则认为鸱夷是指范蠡。因为范蠡离开越国到齐国以后，曾经隐姓埋名，自号鸱夷子皮。所以“一舸逐鸱夷”，是说西施在吴国灭亡以后随着范蠡浮舟于江湖。

这两种说法各有一批支持者，而以后说最为流行。相传范蠡当年奉命选美之时，即与西施在浣纱石定情，后来又由他护送献与吴王，由此看来吴国亡后西施随范蠡同走，也是极有可能的事。况且一个佳人，一个俊杰，双双浮舟江湖，这是何等令人诱惑的风流韵事！《越绝书》上就曾有“西施亡吴后复归范蠡，同泛五湖而去”的记载。五代十国时南唐陆广微在《吴地记》中也引用民间传说和史籍中的记载，对此进行了论证。他说，在嘉兴县南100里有一座语儿亭，这语儿亭的来历即与范蠡和西施有关。据说当年勾践命范蠡护送西施献给夫差，西施在路上与范蠡产生了感情，两人竟然用3年的时间才到达吴国，其间生下一子。待到达该亭时，孩子已经一岁，会说话了，所以就将该亭命名为“语儿亭”。宋代很多人都相信这种说法。如罗大经还以道学家的思维方式为此说提供了理论解释，认为范蠡带走西施并非是迷恋她的美色，而是怕日后西施再用迷惑吴国的方式来迷惑越国，果真有这么一天，越国则不可保矣。于是决定带她远走高飞，以绝越国之祸。而王铚基本上也是认为西施随范蠡而去，但在理解上有所修正。他强调一个“自”字，强调西施行为的主动性：认为是西施自驾扁舟去追上范蠡，而不是范蠡挟携西施而去。

南宋末年的学者王应麟在《困学纪闻》中，对西施随范蠡一说提出了轰击性的反驳。他引出了《墨子·亲士篇》中一段话：“比干之殪，其抗也；孟贲之死，其勇也；西施之沉，其美也；吴起之裂，其事也。”《墨子》一书与西施的年代相去不远，而且这里所说的比干、孟贲、吴起之事都和事实相符，那么“西施之沉”，即“西施沉江说”也就具有了极大的可信性。

而明朝杨慎除了举出《墨子》之外，又举出《修文御览》所引《吴越春秋》逸篇的记载，“吴亡后，越浮西施于江，令随鸱夷以终”，进一步加强了对西施沉江说的论证。王世贞则对陆广微在《吴地记》中所载语儿亭传说的说法，给予了强有力的批评，他说范蠡送西施是为越国成就大事，岂肯做出此等无赖之事?

当然，明代坚持认为西施随范蠡泛舟五湖的人也为数众多。胡应麟在《少室山房笔丛》中就持此说。大戏剧家梁辰鱼在他的名剧《浣纱记》中，更把西施与范蠡的故事铺张扬厉，结局也是范蠡带上西施，泛舟出走。可是胡应麟只是一种推测，没有提出有力的论证；梁辰鱼的剧作原属文学创作，尽管影响广泛而深远，但毕竟与历史事实是两回事。

经过宋明时期的争论，关于西施下落的问题在清代似乎没有什么新的进展。刘献廷完全同意南宋胡应麟和明代杨慎的研究结论，认为《墨子》的记载与吴越的时代相距非常接近，应当是可以信任的，而且《修文御览》中引用《吴越春秋》逸篇所记，又正好与《墨子》所述相吻合，所以，西施沉江说更具有说服力。吴景旭则根据范蠡的一向为人，断言范蠡沉着善断，绝不会做出与西施潜通或泛舟江湖的事来。

如此看来，虽然西施随范蠡共泛江湖之说最使人们感到兴味无穷，因而也流传得最为广泛；但在史实依据上，好像不及西施沉江一说更坚实可信。

同样认为西施沉江，但对怎样沉入江中的，人们又持有不同说法。《东周列国志》说，勾践率众返回越国的途中，越夫人指使人将西施负以大石，沉入江中，并说："此亡国之物，留之何为？"这里的罪魁是勾践夫人，原因是女人的争风吃醋。今人周楞伽对"一舸逐鸱夷"的解释是："把西施盛在船中，然后凿穿船底，让她随船沉入江心。"这里的罪魁似乎是越王勾践，原因是帝王在其政治阴谋得逞后，不愿让自己的卑劣伎俩泄为人知，于是杀人以灭口实。

此外还有一种说法，说西施在吴国灭亡后又回到了家乡会稽，一次浣纱不慎，掉在江中淹死了。宋代姚宽在《西溪丛语》中持此观点。在西施的家乡会稽，至今还广泛流传着这种说法。但这些终属文学家言和民间传说，难以凭信。

伍子胥真的有过掘坟鞭尸之举吗

△ 伍子胥画像

伍子胥，名员，字子胥，春秋时吴国大夫，楚大夫伍奢次子。楚平王七年（公元前522年）楚平王听信佞臣费无忌的谗言，杀害了伍奢，并追杀伍子胥，欲斩草除根。伍子胥费尽周折终于投到吴王阖闾的门下。帮助吴王整军经武，日益强盛起来。后来带兵攻陷楚国都城郢，掘开楚平王之墓，鞭尸三百，痛斥平王听信谗言，残杀忠良，一泄心中怨恨，不少史书对此事给予肯定，认为伍子胥为父报仇是正义的。但是史学家们经过考证，伍子胥是掘墓鞭尸还仅是鞭坟三百，说法不一。近年来有的学者经过研究，甚至认为伍子胥根本就没有参加过攻陷楚国首都的战争，那就更谈不上鞭尸之举了。众说纷纭，更使鞭尸之事蒙上了一层神秘的面纱。

鞭尸之说最权威的来源，出自司马迁所著《史记》。在《史记·伍子胥列传》中记载吴兵攻入楚国首都，伍子胥没有捉到楚昭王，怒气难消，便掘开楚平王的坟墓，拉出尸体，狠狠抽了300鞭。到了东汉，越人赵晔在《吴越春秋·阖庐内传》有了更详细的记载：不但鞭尸三百，还脚踏其尸，愤怒地斥责楚平王听信奸臣之言，冤杀父兄。鞭尸说便流传下来，并不断被后人渲染和加工，几乎已成定论。

鞭坟之说最早见于先秦的《吕氏春秋·首时篇》，文中说伍子胥“亲射王宫，鞭荆平之墓三百”。“荆”为楚国的别称，“平”为楚平王的简称。由于《吕氏春秋》成书早于《史记》100多年，其所记载的内容可信度较高，史料价值为世人所公认。在《春秋梁传》、《越绝书·卷一》中也都有类似“鞭坟”的记载。《越绝书》主要是根据收集的民间传闻写成的。可见在成书之际，民间仍有“鞭坟”的传闻。从以上的史料来分析，“鞭坟”之说有根有据，伍子胥只是率士卒鞭楚平王坟300下而已。

另一个说法是：伍子胥根本就没有掘墓鞭尸，甚至可能都没有参加破郢之战。张君在《武汉大学学报》1985年第三期发表的《伍子胥何曾掘墓鞭尸》一文就是此说的代表。该文认为《春秋》、《左传》、《国语》是研究春秋时期史实最有权威的史籍，3种书内根本就没有提及鞭尸或鞭坟之事。视犯上作乱为大逆不道的《春秋》对破郢之战仅有“庚辰、吴入郢”略略几字记载。如有鞭尸犯上之举，《春秋》一定不会放过而大加鞭挞的。《左传》用两千八百多字翔实记述历时一年多的吴破郢之战。书中不但没有记载伍子胥掘坟鞭尸或鞭坟之事，甚至在记述破郢过程中连伍子胥都没有提及。看来，伍子胥很可能根本就没有参加这场战争。据《春秋公羊传》记载，伍子胥曾对吴王阖闾表示：“事君事父也，亏君之义，复父之仇，臣不为也。”表示将君臣之义置于父子之情之上，不做冒犯君王之事。由此可见，伍子胥本人也不愿意做犯上之事。

伍子胥的掘坟鞭尸之说始于司马迁，经他极力渲染后才流传开来。司马迁之所以渲染之事，可能和他蒙冤遭受宫刑之辱有关，他要大力赞扬“伍子胥”的复仇精神，以此来宣泄自己心中的怨恨。

两千多年来，伍子胥掘坟鞭尸的事被许多小说和戏曲传播，成为传颂千古、家喻户晓的动人故事。但历史上确有其事吗？这很可能成为千古之谜。

秦始皇真的是病死的吗

有关秦始皇之死，《史记》记述很多，分别见于《秦始皇本纪》、《李斯列传》、《蒙恬列传》等处。篇中记载他第五次出巡时，行至平原津（今山东省平原县）得病，勉强抵达沙丘平台（今河北广宗西北），遂崩。后人一般认为秦始皇是由于纵欲过度，体弱多病，加上出巡期间旅途劳累，以致一病不起。

但也有专家遍阅有关典籍，认为“千古一帝”秦始皇死得蹊跷，很有可能死于非命——死于赵高之手。其理由是：

一是秦始皇并不像历史上有些封建帝王那样体弱多病。查诸史籍，未发现他患有暗病宿疾的记载，他的身体一向健壮。突出的例子是，秦王政二十年（公元前227年）荆轲行刺时，他在惊慌中还能挣脱衣袖，绕着柱子逃跑，始终没让荆轲追上。秦始皇第五次出巡时，才50岁，并不算衰老。在平原津得病，又走了140多里到达沙丘；在沙丘平台养病时，还能口授诏书给公子扶苏，说明他当时思维清晰如故，并非患有致命疾病。总之，从秦始皇的体质与当时情况看，还不至于在沙丘一病不起。值得注意的是，沙丘宫四面荒凉，宫室空旷深邃，相传原是殷纣王豢养禽兽之处。战国时，赵武灵王因庇护叛乱的长子章，被公子成和李兑包围于此，欲出不能，又不得食，最后活活饿死在沙丘宫中，由此可见其地与外界隔绝的程度。在这种环境中，发生不测的可能性是很大的。

二是根据种种迹象推测，宦官赵高弑君的可能性很大。著名史学家郭沫若曾写过一篇历史小说《秦始皇之死》，其中描述秦始皇在平原津渡黄河时，癫痫病发作，后脑壳撞在青铜冰鉴上，加重了脑膜炎的病情，人处于昏迷状态。当车行到沙丘后，宿了一夜，第二天，赵高、李斯发觉秦始皇已死，右耳流黑血，右耳孔内有根一寸长的铁钉。这篇小说反映出早就有人怀疑秦始皇的死属于非正常死亡。那谋害者是谁呢？小说中认为是胡亥。其实，赵高进行谋害的可能性更大，因为诏书、玉玺都在赵高手中，继承王位的决定权也掌握在他与李斯手中。胡亥即使弑父，如果得不到赵高、李斯的配合，不仅得不到王位，反而有杀身之祸。而赵高经常随侍在皇帝左右，趁机行事不露痕迹，要较胡亥方便得多。

那么，为什么说宦官赵高弑君的可能性很大呢？

第一，赵高是个宦官，有人说他的父母都是秦国的罪人，也有人说是秦统一战争中灭赵时的俘虏。赵父受宫刑，母亲是宫婢。赵母在秦宫中生下赵高兄弟几人，都是生而为奴。后来秦始皇听说赵高身强力壮，懂点“狱法”，便提拔他做中车府令，是专管宫廷乘舆车与印信、墨书的宦官头儿。秦始皇还命令赵高教自己的幼子胡亥学习法律。在秦始皇这次出巡中，自然少不了中车府令的事务。而且后来赵高还“行符玺事”，即执掌传达皇帝命令和调兵的凭证“符”和“玺”。赵高在秦始皇病重期间和死后的种种表现，使人不得不怀疑秦始皇的死与赵高有关。

第二，赵高与蒙恬、蒙毅兄弟有夙怨。据说，赵高曾犯大罪，蒙毅以法治之，判其死刑，后因秦始皇过问，方得赦免。当时，蒙恬威震匈奴，蒙毅位至上卿，一为武将任外事，一为文臣主内谋，不仅深得秦始皇信任，还为公子扶苏所倚重。一旦扶苏即位，蒙氏兄弟的地位必将更加巩固。因此，赵高对蒙氏兄弟既恨又怕，如要摆脱来自蒙氏兄弟的威胁，必须设法阻止扶苏即位。为了自身利益，他时刻都在寻机除掉扶苏、蒙氏兄弟。公元前210年，秦始皇第五次出巡，主要巡游云梦、会稽等地时，李斯、胡亥、赵高等随从，上卿蒙毅也在随行之列。蒙毅是蒙恬的亲弟弟，为皇帝的亲信，可是当秦始皇在途中病重时，蒙毅被遣“还祷山川”。这极有可能是赵高等的计谋。因蒙恬领兵30万随公子扶苏驻防上郡，从秦始皇的身边遣走蒙毅，也就去掉了扶苏的耳目，也为自己后来计谋的实施清掉了一块绊脚石。

第三，赵高内心唯恐扶苏继承皇位。因为扶苏为人正派，根本瞧不起阿谀奉承的赵高。秦始皇的幼子胡亥是一个昏庸的家伙，且赵高还曾受命教胡亥学习法律，二人正好臭味相投。赵高想立胡亥为皇帝，以便实现他篡权乱政的阴谋，因而他违背秦始皇的命令，扣着诏书不发，说动胡亥威胁李斯。3人经过一番密谋，就假造秦始皇的诏书，由胡亥继承皇位。同时，还以秦始皇的名义指责扶苏为子不孝，指责蒙恬为臣不忠，让他们马上自杀，不得违抗。接到诏书后扶苏流着泪自杀了，蒙恬不愿如此稀里糊涂地死掉，被关进监狱等候处理。胡亥、赵高、李斯听说扶苏已经自杀了，这才命令车队日夜兼程，迅速返回咸阳。为了继续欺骗臣民，不取捷径回咸阳，而是摆出继续巡游的架势，从沙丘到井陉，而后抵达太原，经直道回咸阳，绕了三四千里。由于暑天高温，秦始皇的尸体已经腐烂发臭了，为了掩人耳目就买了许多鱼装在所有车上以掩其臭，迷惑大家。到咸阳后，他们马上公布了秦始皇死亡的消息，发丧出殡。紧接着，胡亥登基做了皇帝，是为秦二世。赵高升为郎中令，李斯依旧做丞相。赵高阴谋得逞以后，盛气凌人，不可一世。他向秦二世进谗言，陷害蒙氏弟兄，诛杀诸公子；布下陷阱，把李斯逐步逼上死路。待李斯发觉赵高的阴谋后，就上书告发赵高。秦二世不仅偏袒赵高，并且将李斯投狱治罪，最后将李斯腰斩于咸阳。

△ 秦始皇像

第四，秦始皇在沙丘养病，给赵高提供了一个谋杀的机会。秦始皇病重，下诏给扶苏说："与丧会咸阳而葬。"显然是想要扶苏即位。赵高明白，此事有关自己的生死荣辱，须当机立断。当时秦始皇身边仅丞相李斯在侧，而李斯私心重，容易控制，其他侍从均是赵高安插的同党。另外，以赵高当时的处境看，也只能出此一招，别无选择。秦始皇口授诏书给扶苏时，赵高参与其事。诏书封好后，赵高却扣压未发，欲找机会说服胡亥和李斯，矫诏杀扶苏。但诏书不能扣压太久，万一秦始皇病情有起色，得知诏书未发，赵高就获死罪。万一秦始皇弥留不死，李斯又未被说服，反而向秦始皇告发，赵高也要被杀头。所以，只有在劝说李斯之前杀了秦始皇，才能万无一失。秦始皇一死，就不怕李斯不就范，也不会有人追问诏书的事了。由此可见，赵高在扣压诏书的那一刻起，就如同箭在弦上，不得不发了。秦始皇平时居于深宫，戒备森严，无法下手，现在他在旅途中病倒，这真是天赐良机，正如赵高对胡亥所说："狐疑犹豫，后必有悔，断而敢行，鬼神避之，后有成功。"所以他果敢地对重病中的秦始皇痛下毒手，使其提前结束生命，完全有此可能。

第五，赵高的言行就是最好的回答。他对胡亥讲："臣闻汤武杀其主，在下称义焉，不为不忠。卫君杀其父，而卫国载其往，孔子著之，不为不孝。"赵高不仅有以上弑君议论，而且后来还有弑君的公开行动。秦二世拜赵高为中丞相不久，大泽乡陈胜、吴广揭竿而起，燃起农民起义之火，这时，赵高认为天下已乱，时机成熟，欲篡位称帝。他怕大臣们不服，就想设法试验一下，看看究竟有多少人服从自己。于是，就导演了一场"指鹿为马"的闹剧。有一天，赵高牵了一头鹿进入咸阳皇宫，把它献给秦二世，说这是一匹马。秦二世一听，不觉哈哈大笑起来，说丞相你错了，怎么把鹿说成是马呢！说着立即问左右的官员们到底是鹿还是马。他们当中，有的怕得罪赵高，不敢说实话，只好默默不语；有的讨好赵高，跟着说假话，硬说是马；有的尊重事实，直言为鹿。事后，赵高认为直言为鹿的都是反对他的人，将他们一一暗害了。而那些在事实面前表示沉默，特别是那些存心说假话而巧于阿谀奉承的人，则成了赵高收罗的对象。赵高摸清了舆论的底细，不久便派他的女婿咸阳令阎乐率士兵千余人，乔装谎称为盗，闯入了望夷宫。秦二世惊骇不已，阎乐历数胡亥的罪状后，逼他自杀，胡亥苦苦求免，

△ 秦始皇陵

而阎乐骄横地说："臣受命于丞相，为天下诛足下。"说着就指挥士兵拥向胡亥，胡亥只好自杀身亡。这时，赵高就把玉玺佩在自己的身上，来到大殿，欲自立为帝，可是群臣不从，他无可奈何，才立胡亥哥哥的儿子子婴为王。从这般逼宫的行径上就可以得知，赵高这种心狠手辣的人，他弑君并不为怪。然而，作恶多端的赵高最终也是自食其果，落了个被子婴刺杀的可耻下场。

不难看出，秦始皇之死，实质上是一场宫廷政变，而这场政变的操纵者是赵高。他总想事事处处去支配命运、支配别人，而扶苏、蒙恬、蒙毅、李斯、胡亥等就是被他支配的牺牲品。但是，赵高要实现对诸人的支配，首先要支配秦始皇，只有假借秦始皇之手，才可以实现自己的阴谋；对活的秦始皇支配不了，只有将他弄死后假传遗诏。从情理上分析，赵高弑君的可能性与必然性都存在。

"徐福东渡"是史实还是传说

徐福东渡一事，最早见于司马迁《史记》的记载，民间传说也很多。但是，后世对此存有颇多疑问。人们首先质疑的是，它到底是史实，还是传说？历史上真有徐福这个人和徐福东渡的事吗？关于这一问题，多数人认为徐福东渡是史实，因为从史料上看，西汉与秦朝相距不远，司马迁治史严谨，不可能没有依据就捕风捉影两次记载此事。并且先秦时期方术盛行，秦始皇统一全国后，为确保帝业万古，难免产生延年益寿，长生不老的想法。

这从他耗费大量财力，在咸阳营造宫殿，自诩为"真人"期盼能与神仙沟通的情况看，是完全可信的。在这种情况下，他派徐福出海求取仙药，完全可能。再说，这么多的民间传说，不可能都是空穴来风，无稽之谈吧。况且，五代后周时济州开元寺的义楚和尚在《义楚六帖》的《城郭日本》一文中，还转述一个渡海来到中国洛阳的僧人的话，说徐福东渡到了日本。

不过，也有人认为，徐福只不过是《史记》中辑录的一个传说人物而已，并非真有其人其事，司马迁根据传闻所记，目的是借秦始皇信神仙、迷方士的行为，来讽喻汉武帝相似的爱好。何况，所谓的蓬莱、方丈、瀛洲三神山也都是无稽之谈，只不过是海上偶尔出现的海市蜃楼罢了，根本不可能是什么日本。

还有人质疑，如果徐福东渡是真，司马迁在《史记》中记载这件事后，为什么在以后漫长的时间内都没有人再提及呢？怎么会留下这么长时间的记载中断？五代后周《义楚六帖》转述日本僧人的话，有可能是为了中日友好的需要所说的附会之语，并非确有其事，"徐福东渡"完全可能是后人附会而成的。

但是，这些年来，随着“徐福热”的兴起，中日学者都作了大量的考证。从大量的考古实物看，徐福东渡并不是不具有可能性的。

一、徐福故里在何处

△ 徐福画像

关于徐福故里，也就是说徐福究竟是我国什么地方的人，司马迁在《史记》中只笼统地说他是“齐人”。问题是“齐”既是一个历史概念，又是一个称谓广泛的地域概念，它既可能指战国时期的“齐国”，也包含有“齐地”的含义，甚至还包括秦朝的“齐郡”。根据史书对“齐国”、“齐地”、“齐郡”的界定，史学家推测：如果“齐人”指齐国之人，那么现在的江苏赣榆、琅邪、山东黄县（今龙口市）等都包括在内；如果指“齐地人”，赣榆则被排除在外，而只包括琅邪、黄县；如果是指“齐郡”，则琅邪也被排除，只有可能是黄县。由于《史记》记载的笼统和“齐地”含义的丰富，后世学者对徐福故里的确认，难免产生分歧。

1982年6月，江苏省赣榆县在进行地名普查工作时，发现有个“徐阜村原名为徐福村”，调查现存的嘉庆元年《赣榆县志》和几种乾隆年间修订的“宗谱”，也都证实该村原名为“徐福村”。通过实地考察还发现，在这里的乡民中间，至今还广泛流传着徐福的许多事迹，比如说他是个会针灸和医药的名医，救治过许多乡亲，后来被秦始皇派到海外寻求仙药，从此一去不返。为了纪念他的恩德，乡人还在村上建有徐福庙。有关学者据此推断，《史记》中的“齐人”，应指齐国之人，位于江苏赣榆县城北金山乡南一公里处的徐阜村就是徐福故里。但是，这种观点受到了许多学者的质疑，他们认为“徐福村”的记载多为附会之词，不足为凭。首先，徐福村肯定不是秦代的村名，因为村一级的建制是唐宋以后才出现的，秦代县以下基层建制为乡、里。

经考古发现，这里出土的遗物也仅仅是汉代的；其次，按照中国为尊者讳、为亲者讳的传统习俗，后人为了纪念徐福为其建造庙宇可以理解，但以徐福名字为村名，使其死后被人千呼万叫，是完全不可能的，因为这与封建社会的避讳观念完全相悖。另外，赣榆只是在一段时间内为齐国的土地，而到秦灭六国时，赣榆为楚国领土，这与《史记》所载之“齐人徐福”之“齐人”，诚为不相关之事。因此，有的学者认为所谓徐福村很可能是以讹传讹，根据史书附会而来，相沿至今。所以，江苏赣榆徐阜村不可能是徐福故里。

那么，徐福故里会是什么地方呢？有的学者认为徐福故里应是汉代的徐乡县，故城在今山东龙口市黄县镇西北。因为，从文献资料记载看，《史记》称徐福为“齐人”，从黄县的历史地理沿革看，自春秋后期至战国时期，该地一直为齐国疆域；秦统一六国后，黄县隶属齐郡，与《史记》的记载也完全一致。另外，《史记封禅书》又载：“自威、宣、燕昭使人入海求蓬莱、方丈、瀛洲，此三神山者，其传在渤海中……燕齐海上之方士。”这段记载表明，黄县在先秦时期方术就极为盛行，炼丹求仙者甚多，与徐福前往“三神山”求取仙药的背景完全相符。再者，《汉书地理志》记载：“东莱郡有县十七……徐乡。”而关于徐乡县的由来，元代研究齐国史地的著名学者于钦在《齐乘》中明确指出：“徐乡，盖以徐福求仙而得名。”这就是说，这个县因徐福求仙而得名，徐乡就是徐福的故乡。新中国成立以后，考古工作者在今龙口市乡城镇东村发现了徐乡故城遗址，证实了文献记载不假。并且至今在黄县民间还流传着许多有关徐福入海求取仙药的故事，全县境内与这一事件有可能相关的村庄多达20余处，比如徐家庄、登瀛村、海庙徐家等，每个地方都流传着与徐福紧密相关的故事。鉴于此，一些学者认为徐福为秦齐郡黄县徐乡（今龙口市乡城镇）人。

但是，也有学者对这一观点持怀疑态度，因为于钦在《齐乘》中说“盖以徐福求仙为名”，“盖”乃大概、可能之意，表明作者也只是臆测，并不肯定。至于资料记载、考古发现等依据也并非黄县一地所有，因此龙口市黄县镇也不一定就是徐福故里。此外，还有徐福是琅邪人的说法，不过也只是依据史料的猜测，难以盖棺定论。由此看来，徐福故里在哪里仍是一个有待进一步考证的问题，关于这一话题的争论，也难免会继续下去。

二、从哪里起航，走的是哪条航线

说到徐福东渡，人们难免会问：徐福东渡的起航港在哪里？这是很自然的事情。这一问题其实也是徐福研究中的一个热点。

从各方学者所列举的起航地点来看，几乎包括了整个中国海域，不过中心大致围绕在山东半岛所在的渤海、黄海地区。有人说徐福是从江苏赣榆起航的；有人说是从山东黄县（龙口市）起航的；有人说是从徐山起航的；也有人说是从河北饶安（盐山）起航的；还有人说是从山东琅邪起航的。除此之外，我国台湾学者还提出了从“浙江沿海起航”的说法，日本学者提出了“广东沿海”起航的主张，不过，经过论证，这两种说法的可能性极小，这里就不再一一论述。

江苏赣榆起航说。这一说法是建立在认定赣榆的徐福（阜）村就是徐福故里的基础上的。这一观点为我国地理学家罗其湘、徐福研究专家汪承恭最早撰文提出的。他们认为：徐福第二次出海东渡的起航点，据实地考察，是在离徐福故乡——徐福村不远的海州湾沿岸的岚山或连云港附近。并断言秦始皇三赴琅邪，有两次到过赣榆，秦始皇最后一次东巡（公元前210年），由江南渡江“并海上、北至琅邪”时，徐福在他的家乡一带，又一次见到秦始皇，并再次受命出海。另外，据赣榆的《徐福故里古遗迹考察材料》称：在赣榆大王坊村附近古河中曾发现了距今2000年的造船木材，认为是徐福造船遗留，继而论证，“徐福在这里造船，以荻水口入海东渡，是有根据的”，并肯定地指出：“在始皇三十七年，秦始皇出游，五六月间，来到秦东门，为秦东门建成和徐福东渡，举行盛大海祭，徐福率队出荻水口，进行东渡，‘得平原广泽，止王不来’。”但是，这一观点遭到了有关学者的质疑：首先这一说法是建立在赣榆是徐福故乡的基础上，然而徐福故里是不是在这里，如前面已述存在争议，因而这一结论也自然值得怀疑。其次，从《史记》记载看，徐福两次拜见秦始皇都是在琅邪，并未见记载他在异地拜见过。至于秦始皇的最后一次东巡路线，据《史记》明确记载是自咸阳“至云梦……浮江下……过丹阳，至钱唐……上会稽……还过吴，从江乘渡。并海上，北至琅邪”，根本就没有经过赣榆，怎么可能到赣榆造船出海呢？再说，古代森林茂密，遍及沿海各地，造船在沿海哪个港口都能进行，赣榆具备的条件，在其他地方也完全可以。至于在赣榆出土的沉积木头是很正常的事，与徐福造船遗址没有什么必然联系。况且，数千童男童女的征集、训练和给养补给及百工、船员的配备，也是小小的赣榆一地所无法解决的。

因此，所谓在赣榆造船、出海之说是不大可能的，更谈不上是定论。

山东黄县（龙口市）起航说也主要是基于黄县可能是徐福故里的论证。龙口市徐福研究专家李永先曾撰文认为：“徐福东渡从琅邪徐山和黄县北海岸（今登州湾）这两个海港起航，不仅从《史记》中可以找出根据，后来也有许多古籍记载和民间传说。”并指出“徐福第二次东渡是从黄县家乡起航”，“徐福从黄县北海岸东渡，这里就是后来的登州湾”。他还论证说：秦始皇三十七年，秦始皇再次相信徐福的谎言，为徐福第二次东渡配备了射手。他还亲自在芝罘（今烟台）射死一条大鱼，象征为徐福东渡扫清道路。徐福第二次东渡即在这一海域的黄县北海岸（今登州湾）起航。但是，据青岛市社会科学院研究员张树枫分析，徐福的船队在出海求仙期间，为了躲避风浪、补充粮食，而在黄县沿海停泊，在民间留下相关传说的可能性极大，但仅此就确定徐福从黄县起航东渡是没有道理的。如同赣榆起航港的论述一样，黄县是否为徐福故里是徐福船队是否在此起航的主要依据，然而黄县是不是徐福的故里，有待进一步论证。另外，从有关资料分析，当时黄县只是一个偏僻的县城，不管是从轮船的制造，人员的征集，还是物质的供给等各方面来看，都无法满足大规模远航的要求。事实上，当时在山东半岛只有琅邪是中心城市和沿海大港，徐福没有道理会舍弃琅邪优越的航海条件，而到荒僻小县的登州湾装备船队、起航东渡。所以黄县作为徐福船队的临时停泊港极有可能，作为起航港则是完全不可能的。

河北饶安（盐山）起航说的主要依据是这里有千童县。据唐代李吉甫《元和郡县志》记载："饶安县，北至州九十里，本汉千童县，即秦千童城，始皇遣徐福将童男女千人入海求蓬莱，置此城以居之，故名。汉以为县，属渤海郡。灵帝置饶安县，以其地丰饶，可以安人。"有的学者据此认为徐福当年在盐山县一带招募童男童女，并百工、水手、弓箭手等人，最后乘船经无棣沟入海，辗转漂泊，最后到达日本。针对这种论述，有的学者提出了反对意见，他们认为千童城的存在确实是不争的事实，但很可能是徐福首次出海时，船队抵达渤海湾后上岸休整时所留下的遗迹。按一般常理，徐福在芝罘（今烟台）与秦始皇别过后，不可能随秦始皇"并海西"，再跑到盐山去筑城休整征发童男童女，然后再起航东渡。据此，盐山只能是徐福航海求仙活动中曾停留过的休整地点，但不是徐福东渡的起航港。

徐福自徐山起航说，是流传最久、史书记载最多的少数入海地点之一，影响极大。

其主要依据为：北宋《太平寰宇记》引《三齐记》云："始皇令术士徐福入海，求不死药于蓬莱方丈山，福将童男童女二千人于此山集会而去，因曰徐山。"元人于钦所撰《齐乘》也有记载："又东徐山，方士徐福将童男童女二千人会此入海采药不返。"民国年间成书的《增修胶志》转引《三齐记》也说："小朱山又东徐山，方士徐福将童男童女二千会此，入海采药不返。"这些记载均证明，徐山为徐福入海求仙之地。从地理位置上看，徐山位于胶州湾南侧，距徐福活动中心琅邪不远，从此招募童男童女、百工、神射手等起航东渡的可能性是极大的。从自然条件看，这里有茂密的山林和优良的港湾，也具备制造和停泊船只的条件。但是也有学者指出，徐福从徐山起航东渡的记载主要源于《三齐记》，而此书成书时间不详，可能为晋人所著，而这时已离秦朝有数百年之久，这一说法很可能是源于民间传说，从而以讹传讹。而“徐山”地名的出现，据确切考证最早见于唐代的《隋书·地理志》，而这时距离秦朝已经近900余年，由此史书上记载的徐福自徐山起航东渡的真实性很值得怀疑。甚至有学者指出，徐山是因三国徐庶而得名，当地民间至今还流传着这样的说法，徐庶推车到此，在西山的山洞中住过，故名徐山，至今这里流传有“徐庶不离帽子峰”的谚语。由此，也有人认为徐山称呼的由来与徐福也许根本就没有什么直接关系。另外，当时徐山周围穷乡僻壤，徐福没有必要舍弃距此不远的琅邪，而专门跑到这里征集人员、物资，进行东渡。至于良港和山林也并非该地独有，不能作为徐福由此东渡的确证。因而徐福东渡自徐山起航的说法，也并非定论。

琅邪（山东省胶南市西南）是目前多数学者认可的徐福东渡起航港。首先，琅邪在当时经济发达，人口众多。在春秋时期，琅邪就一度是强大的越国的都城；战国时，琅邪更是齐国大邑，人民安居乐业，经济繁荣，是少有的富饶之地；秦统一六国后，琅邪仍为当时全国少数政治、经济、文化发达的中心城市之一、也是36郡中唯一濒海的郡治所在。因此琅邪拥有雄厚的物质基础，人口资源丰富。而这些条件对“费以巨万计”的徐福东渡物资的筹集、人员的招募起着决定性的作用。其次，除琅邪山外，附近还有徐山以及大小珠山等，山上有着大量的优质木材，具备打造木船的充足条件。再者，琅邪自春秋以来就是优良港湾和海军基地，秦统一后，琅邪港北接齐、燕，南连吴、越，附近属花岗岩侵蚀性海岸地貌，水深港阔，起航条件极佳。从《史记》记载看，琅邪一直就是徐福海上求仙的活动基地，他第一次向秦始皇上书就是在琅邪，蒙准后，所有出海的准备工作也自然会在所有条件都具备的琅邪进行，并由此起航。

第二次徐福通过“大鲛鱼”骗过秦始皇后，秦始皇“乃令入海者赍捕巨鱼具，而自以连弩候大鱼出射之。自琅邪北至荣成山，弗见，至芝罘，见巨鱼，射杀一鱼，遂并海西。至平原津而病”。也就是说秦始皇和徐福船队一起自琅邪起航北上到荣成山，没有见到大鱼，一直到“芝罘”，才射杀了一巨鱼，寓意为求仙船队，扫除拦路恶神。之后，他与徐福在芝罘别过，徐福踏上了东渡之路，并从此杳如黄鹤。因此从《史记》记载来看，徐福就是在琅邪港进行第二次出海东渡的。这一观点为多数学者所认可，但事实是否真的如此，仍有待进一步论证，以取得一致意见。

如果徐福船队真的是从琅邪起航的，目的地也假设为日本，那么他们走的是哪一关条航线。关于这个问题，目前学术界最具代表性的两种观点是“北行航线”和“南行航线”。

支持“北行航线”观点的学者认为徐福船队是从琅邪出发，他们绕经辽东半岛南、朝鲜半岛西后，又穿过对马海峡，到达日本北九州和歌山等地。支持“南行航线”观点的学者又因出发港意见不一致，提出了两条航线：一条航线是从山东半岛的青岛或芝罘出发，横渡大海，再经朝鲜半岛南部到达日本九州等地；另一条航线是从苏北沿海诸港口出发，横渡黄海，或者是到了朝鲜半岛后再穿过济州海峡抵达日本九州。

一些专家学者研究认为，从当时的造船技术、航海知识、海洋条件以及考古发现等各方面来看，“北行航线”说比较可信。首先，从造船技术看，琅邪本来就融会了春秋时期越国和吴国的造船工艺，齐国时更是得到了进一步发展。秦始皇统一全国，打破了区域限制，使造船业和航海技术进一步交融，无疑得到了更大进步，在这种条件下，完全可能造出具备一定远航能力的大型船只。并且自战国时期就不断有方士出海求取仙药，在长期的航海实践中，必定积累了一定的航海经验。其次，据史书记载，早在战国时期，我国就探索出了一条经朝鲜半岛到达日本的航海线。齐威王、宣王和燕昭王时，就有不少齐燕方士入海寻找三神山，求取仙药。这些方士的入海地多在碣石或山东半岛，入海后可能就有到达朝鲜半岛南部或日本岛的。汉武帝时，曾有从山东半岛发楼船攻打匈奴的记载，其所经之地就是前述北行航线至朝鲜岛西岸之一段。因此，徐福东渡最大可能也是走这一航线。北大历史系教授刘华祝先生也认为，北行航线上海岛相望，航程中可随时就近躲避风浪，补给淡水、食物等，安全系数大。而南行航线要经过黄海，在当时没有罗盘、船队导航主要靠日月星辰或目视、船行动力主要靠海风和人力的情况下，成功的概率较小。而且这一航线的开通，据史书记载也是南朝以后。日本人宫泰彦了也曾指出："日本海有一种左旋之回流，利用此种回流，可以由朝鲜南部古辰韩地方到达日本山阴。中、朝、日的古代使者曾在这条航线上往来了近千年。北行航线沿岸不断出土有战国时燕齐的刀币，还有青铜剑、青铜戈、铜铎等，说明战国时已开通此航道。"从以上资料来看，徐福东渡很可能走的是北行航线，但事实如何未得而知。

三、徐福真的到日本了吗

徐福东渡究竟到了什么地方，无疑是诸谜中最惹人注目的一个。我们知道徐福等人出海的初始目的是为了到渤海中寻觅蓬莱、方丈、瀛洲三神山，向山上神仙求取长生不老之药。但是古代渤海的海域概念与今天所指大为不同，它不仅包括了今天的渤海，还包括黄海，乃至东海。而我国东面的大海中，有今朝鲜半岛、我国台湾岛、菲律宾的吕宋岛、日本群岛等。司马迁只说"得平原广泽，止王不来"，而这"平原广泽"究竟是什么地方呢？徐福究竟到了哪个岛呢？

针对这一疑问，也有多种不同的看法。有人说徐福东渡到了朝鲜半岛，还有人认为徐福到了舟山岛、台湾岛或者吕宋岛。这两个观点的支持者只不过是从方位上做出的判断，都没有强有力的证据可以证明，所以观点相对勉强。

持这两种观点的反对者倒是举出了一些史料进行了批驳。

《三国志·吴书·吴主传》中对徐福东渡的目的地有这样的记载：230年，孙权曾派遣将军卫温、诸葛直率领士兵万人，出海寻找"夷洲及亶洲"。而"亶洲在海中，长老传言：秦始皇帝遣方士徐福将童男童女数千人入海，求蓬莱神山及仙药，止此洲不还。世相承有数万家，其上人民，时有至会稽货布，会稽东县人海行，亦有遭风流移至亶洲者。所在绝远，卒不可得至，但得夷洲数千人还"。从陈寿的这段叙述可以断定，亶洲绝对指的不会是台湾岛，因为卫温和诸葛直已经到了台湾（夷州）；也不会是吕宋岛，因为陈寿说亶洲有人口"数万家"，而吕宋岛至元世祖时仍旧"民不及二百户”；更不可能是舟山岛，因为该岛离大陆较近，容易到达，更谈不上“所在绝远”。

因此，司马迁所记载的“平原广泽”不可能是上述列岛。

那么，这里的亶洲到底是哪里呢？关于这一点，前面已有叙述，五代后周的义楚和尚在所著《义楚六帖》中记载了927年渡海来到中国洛阳的日本僧人倡弘大师所说情况：“日本国亦名倭国，在东海中，秦时徐福率五百童男、五百童女止于此国。”他还说，日本有座富士山，又称蓬莱山，徐福定居于此，其子孙至今皆称秦氏。当然，“亶洲”就是日本的说法在三国时代就已经有了。法国人希格勒在《中国史乘中未详诸国考证》一书中也明确指出亶洲即日本岛。

近代的中日学者最初也都肯定了此说。他们支持“亶洲”就是日本的说法，不仅是因为前面的史料，更是因为至今日本九州半岛的佐贺县还有“徐福上陆地纪念碑”以及徐福的石冢和祠堂等遗迹。徐福还被当地人尊为司农耕、蚕桑和医药的大神，并长时间被大规模地祭祀。在该县金立山神社供奉的主神就是徐福。在日本的史籍文献中，关于徐福东渡日本的记载更是不胜枚举。

日本学者奥野利雄先生还考证，徐福东渡后主要活动地域在日本九州、熊野一带。研究《富士古文书》的权威铃木贞一先生甚至认为徐福是70岁去世的。这些观点无疑都认为徐福当年确实到了日本。

1950年，中国台湾学者卫挺生在《徐福入日本建国考》一书中，进一步提出一个石破天惊的观点，认为徐福与日本传说中的神武天皇是同一个人，就是说日本的开国天皇就是徐福。这一观点提出后，在日本引起了极大的反响。日本学者于当年便自发组成了“日本民族头骨指数测定会”，由文部省补助经费，让日本各地大学的解剖系教授对各大学男女生的头骨进行测量，测量的总人数多达六七万人。5年后这些集中代表了全国280个县市居民的头骨测量数据，由日本体质人类学权威长谷部言人博士进行整理分析，并同日本周围民族的头骨指数进行了比较研究。结果表明，现代日本人大多数的头骨指数与中国浙江、江苏、安徽、福建等省人的头骨指数完全相同，与上述省份外的居民部分相异，并由此得出了“日本史前时代的祖先，曾经留住在中国的东海沿岸”的结论。这一结果从侧面证明了徐福东渡日本的可能性。

20世纪80年代，随着中国内地、港、台以及日本徐福研究热的兴起，对徐福是否东渡日本的研究更加深入。台湾学者彭双松于1975～1981年间，先后8次赴日本进行实地考察。据他统计，日本各地与徐福姓名联系在一起的墓、祠、碑、宫、庙、神庄等遗址有50余处，登陆点20余处，传说故事30余个。在取得了大量调查资料的基础上，他于1982年6月发表了《徐福即神武天皇考》一文，进一步论证了卫挺生的观点，认为：“昔日中国的徐福，就是日本开国第一代神武天皇。”此后，中国社科院历史研究所研究员赖长扬先生在1985年著述的《港台的徐福研究及其在日本的影响》一文中则记载：昭和天皇之弟三笠宫就表示过赞同“徐福即神武天皇”的观点，1975年“香港徐福会”成立时，他在贺词中肯定“徐福是我们日本人的国父”。1980年4月29日，九州岛佐贺县在日本“天皇诞生日”举行了隆重的“徐福大祭”，祭歌中有这样的词句：“2000余年悠久的历史啊！欢欣庆祝神社的祭典，奉到秦皇的命令，率领童男和童女，徐福一行在明海的寺井湾登陆，劈开茂密的芦苇向前迈进。”此外，据考证，在认为最有可能是徐福登陆地点的日本歌山县（纪伊半岛）熊野河口（现在的新宫市），至今还有“秦住”、“秦须浦”的称谓，相传为徐福时沿袭至今。这里还有被认为是当时徐福等人住过的草屋模型，新宫市还遍布着一种叫“天台乌药”的老草药，相传就是徐福要找的长生不老之药。一些学者还考证认为，在日本除“秦”姓外，“羽田”、“钿”、“波多”等姓氏的读音也与“秦”的读音相同，而这些姓氏多为徐福后代，或者至少与徐福有一定的关系。如前日本首相羽田就称自己是徐福的后裔。据说，当时与徐福一起东渡蓬莱的人为了免于秦始皇的追杀，才改了这么多姓氏，但是故土难忘，都带着秦的读音。另外，新宫市内还有不少姓“东”、“西”、“南”、“北”的居民，据当地人传述这些姓氏也为徐福的后裔。日本民间流传，徐福率领3000名童男童女仓促到达日本

△ 日本徐福公园内的徐福像

后，由于这些童男童女都是被秦始皇强行征调的，并不知道他们的姓名，只能问出他们是住在哪一个方向，住在东边的就让他们姓“东”，住在西边的就让他们姓“西”等。这些人的后代也就顺其自然姓“东”、“南”、“西”、“北”了。目前居住在新宫市的居民中，有大量这类姓氏的人，虽然没有人直接承认他们是徐福所率童男女的后代，但都奇怪地聚集在徐福登陆的新宫市一带。

以上资料充分论述了徐福东渡确实到了日本，甚至有可能他就是日本传说中的神武天皇。但是，必须承认仍有部分日本学者对徐福东渡日本的观点表示怀疑。他们认为，按当时的造船技术和航海知识，徐福的船队无法战胜海洋上的狂风恶浪，只能停留在中国千里海岸的某个港口或沿海大小岛屿上，并逐步向中国内陆移居；再说传说中徐福到达的三神山，只是渤海湾的小岛，并非日本境内。其次，从时间上考证，徐福东渡的说法，产生于公元10世纪左右的日本，以前并没有记载，很有可能是当时随着中日交流的频繁，东渡到中国的日本和尚牵强附会地带去了有关徐福的传说，不辨真伪的义楚和尚将其载入《义楚六帖》中，并且经过以讹传讹，到了宋代乃至今日，人们对此更加深信不疑。退一步说，即使徐福带领大批童男童女到达了日本，为什么当时没有把汉字传入日本，而是直到公元2世纪才传入日本呢？甚至还传说徐福把造纸术也传到了日本，但事实上，中国当时还在使用竹简写字，这种说法岂不荒谬？据此，他们认为，日本国内史料的记载以及现存的有关徐福的遗迹，是当时僧侣为了将徐福树为中日友好的旗帜而伪造骗人的；至于日本神武天皇，只是日本历史上神话时代的人物，根本无法与徐福挂钩；徐福日本后裔之说，更是捕风捉影，无稽之谈。

不过，这些否定徐福到达日本的说法，大多被认为是极其牵强的。徐福东渡日本一事，由于时代久远，难免会有谬传，但是，毕竟有如此多的文献记载，实地物证以及日本徐福墓址，甚至徐福被称为农神、蚕桑神、医药神的史实证明了徐福东渡确实到了日本列岛，这仅仅用后来作伪者使然，是难以解释清楚的。而事实上，秦朝时期，我国沿海齐国等地的造船技术和航海知识已经有了相当发展，徐福第一次出海又顺利归来，就证明了他已经掌握了一定的航海技术。至于汉字，秦始皇时才逐步统一规范，后来又有不少变化，徐福没有把汉字带入日本，是完全可以理解的。总体来说，中日学者大多倾向于徐福确实到达了日本。不过由于年代久远，史料过简，加之论者所处角度不同以及对史料理解的歧异，甚至带有极大的政治色彩，使得这一问题在许多方面都产生了激烈的争论。也因此，对于徐福东渡是否到达日本，注定还要在不断地论证和反驳中继续下去。

秦末农民领袖吴广是被部下所杀吗

秦二世元年（公元前209年），一场席卷全国的农民大起义爆发，最终埋葬了秦朝。最初点燃革命烽火的是陈胜与吴广，他们率900名戍卒揭竿而起，很快汇成一支巨大的洪流，建立了中国历史上第一个农民革命政权——张楚政权。不久，陈胜以吴广为假王，率重兵进攻荥阳（今属河南）。然而，正当起义斗争深入发展时，吴广被其部将田臧杀死，这一事件给起义军造成了极大的损失。

吴广为什么会被杀？据《史记·陈涉世家》记载，吴广领兵攻打荥阳时，另一位起义将领周文率10万义军直捣咸阳，因孤军深入，形势极为不利。数月后，终因寡不敌众，惨败于渑池（今属河南）。这时，秦朝组织数十万军队，反击义军。田臧等人见周文战败，秦军不久即至，荥阳迟迟未克，就准备分部分兵力牵制荥阳之敌，以大部分精兵迎击秦军。他们私下商议，于秦二世二年（公元前208年）十一月，假借陈胜之命杀了吴广，献其首级于陈胜，不知出于什么动机，陈胜竟然默许了这件事，而且还升了田臧的官职。从这段史料可知，吴广骄蹇自大，刚愎自用，以至于部下无法与他商议军事行动计划，不得不杀之。有的通史著作据以称“吴广骄傲无能，被部将田臧杀死”。然而这一结论，并非无懈可击。首先，《史记·陈涉世家》称“假王骄，不可与计”，此话出于欲取代吴广的田臧等人之口，其可靠性值得怀疑。并且《史记·陈涉世家》中仅记载陈胜为王之后骄傲、武断的行为，对于吴广的“骄蹇”只字未提，怎能凭借田臧的一面之词妄下定论？相反，《史记·陈涉世家》中对吴广的描述是：“吴广素爱人，士卒多为用者。”司马迁在此用了褒词，可见吴广的为人并不是像田臧所说的这般“骄

△ 陈胜、吴广起义遗址——涉故台

蹇”。在上述疑问的基础上，人们展开了深入的探讨，一说认为，田臧和吴广在军事行动上存有分歧，无法取得统一。面对强大的秦军，田臧不得已杀掉吴广，以求预定的军事行动能顺利实施。其后，田臧取得陈胜任命，分兵留守荥阳，亲率主力迎击秦将章邯所率秦军于敖仓，结果兵败而死。

还有人认为，吴广之死与陈胜有关。陈胜为王之后，任用亲信，误杀故人，对属下极为苛刻、猜疑，使得诸将士不愿再为他出生入死；陈胜与吴广的关系也不如当初揭竿起义时那么融洽、默契。人们推测，田臧杀吴广得到了陈胜的默许，否则又何须“献首于陈王”？而不明是非的陈胜居然给阴谋砍掉自己左右臂的田臧，封官为令尹，任命为上将。

还有一说认为，对吴广的死因，应当放到当时的历史环境中考察，秦末农民战争时期，群雄蜂起。田臧是个怀有个人野心的人，不甘心久处吴广之下，又苦于无法超越他，因此便诽谤吴广“骄，不知兵权”，或许只是除去吴广以取而代之的借口。为达到阴谋篡权的目的，田臧便假借陈胜旨令杀死了吴广。

吴广被杀的真正原因，目前还没有更多的史料来确定某一说。但一位农民战争的领袖，没有死在杀敌的战场上，而倒在部属的刺刀下，个中原因还是值得人们探究的。

项羽真的火烧了火烧阿房宫吗

△ 项羽画像

“六王毕，四海一。蜀山兀，阿房出……楚人一炬，可怜焦土。”这是人们耳熟能详的句子。两千多年来，关于项羽火烧阿房宫的故事一直在民间流传。

秦阿房宫是一处规模宏大的宫殿建筑群，也是我国历史上规模最宏大的建筑之一。唐代诗人杜牧在《阿房宫赋》中这样描写：“复压三百余里，隔离天日……五步一楼，十步一阁。廊腰缦回回，檐牙高啄，各抱地势，钩心斗角。盘盘焉，囷囷焉，蜂房水涡，矗不知其几千万落也。”它由两处建筑群组成：一处是阿房宫前殿建筑群，《史记》记载其“东西五百步，南北五十丈，上可以坐万人，下可以建五丈旗。周驰阁道，自殿下直抵南山，表南山之颠以为阙”；另一处是上天台建筑群。

根据记载，阿房宫始建于秦始皇统一六国后第九年，是秦王朝拟建的行政中心，秦始皇打算用它来显示新王朝的气魄和威严，并在这里容纳六国前来朝见的旧贵族。西汉时，阿房宫遗址被划入上林苑，因其东、北、西三面有厚重的宫墙，史称“阿城”，后来被逐步夷为农田。1961年，阿房宫遗址被国家公布为第一批全国重点文物保护单位之一。

为了彻底弄清楚阿房宫当时的规模，2003年，考古工作者对遗址进行了挖掘。然而，挖掘的结果却出乎人们的意料：阿房宫前殿遗址没有发现一丝被大火焚烧的痕迹。这是怎么回事呢？难道挖掘的地点有误，或者挖掘的面积不够宽广，从而偏偏错过了被焚毁的宫殿遗迹？如果考古挖掘没有任何疏漏的话，是不是项羽的一把火真的将一切都烧得不留痕迹；或者是因为旷隔时间太久，这些痕迹已被无数次的风霜雨雪抹消了；又或者是遭到人为的损毁，如农民挖地将其挖掉了？

根据史书记载，为了修建阿房宫，秦始皇曾经请来无数的巫师，踏勘了咸阳附近的风水宝地，最后才定址在周朝两个都城之间一处地方。考古工作者们根据文字记载和实地勘测，再加上利用现代科技手段所做出的勘测结果，对遗址的地点把握绝对是万无一失，不可能搞错地点。随后又扩大勘探面积至20多万平方米，挖掘了约1000平方米，并在每平方米范围内打了5个探测孔，用大面积密探的方法进行搜索，探眼一直打到地下数十米深处原来台基的夯土地面，结果仍然一无所获。

距离阿房宫不太远的汉长乐宫，曾是汉代都城长安最富丽豪华的宫殿之一。东汉末年，长乐宫和其他汉宫一样也难逃“楚人一炬”。然而两千多年过去了，长乐宫被火焚毁的痕迹仍历历在目，发掘出厚厚的红烧土，整个汉代长安城遗址36平方公里范围内，发掘时遍地都是焦土和黑灰土，当年的古建筑已不见踪影，却化成木炭深埋在地下。这说明无数次的风霜雨雪并没有将历史的痕迹抹消掉，可两座年代相差并不遥远、同样是被烧毁的建筑，留给人们的考古痕迹为什么如此不同呢？

考古工作者们经过调查得知，新中国成立后曾有农民在这一带平整过土地，然而从来没有在阿房宫前殿遗址上动过大土，平整土地是在上天台遗址一带，距前殿遗址的最东边沿还有一公里多远。经过钻探也发现，在前殿遗址的地下有汉代文化堆积层和唐代及以后各代的堆积层，这些堆积层都在前殿遗址的顶部。农民平整土地只能是先取最上面的土，后取下面的土，不可能出现上面汉代和唐代以后的土层留着，却偏偏取走了下面秦代土层的事情。因此，阿房宫被焚烧后留下的堆积层遭到人为损毁被挖走了的可能性也不存在。

既然发掘的地点准确无误，发掘方法也很科学，不存在疏漏之处，遗址下若存有大规模焚烧痕迹的话，也不可能因旷隔时间长久而灰飞烟灭毫无遗留，更没有遭到过外来的人为损毁，可是却毫无发现。这些都向人们说明什么呢？考古工作者经过精心勘察和发掘后，然后进行严密的推理，最后得出了一个令人吃惊的结论：项羽并没有焚烧阿房宫。

△ 阿房宫景区

可是，唐代大诗人杜牧留下的千古佳赋《阿房宫赋》中不是写得清清楚楚吗？难道杜牧咏错了？诗人的诗词文章固然华美生动，但毕竟只是文学创作，不具有史料意义。况且杜牧作赋的目的在于规劝唐敬宗李湛，不要像秦国那样因营造阿房宫，劳民伤财而导致亡国，所以极尽铺陈夸张之能，以达到寄托讽喻的目的，究其根本，是不可作为史料依据的。而司马迁的《史记》千百年来一直被后人认为是研究古代历史的最佳典籍，我们不妨来看看《史记》是如何记载的。《史记·项羽本纪》中说："项羽引兵西屠咸阳，杀秦降王子婴，烧秦宫室，火三月不灭。""秦宫皆以烧残破。"而在《史记·高祖本纪》中则表述得更加明确："项羽遂西，屠烧咸阳秦宫室，所过无不残破。"可见，项羽并没有火烧阿房宫，而只是在咸阳大肆焚烧虐杀，烧毁了所有的秦宫殿建筑。考古工作者经过实地发掘验证，在咸阳都城一、二、三号遗址确实发现了厚达一米的红烧土、炭灰和硫渣，证实这里曾经被火焚烧过，发生过类似"三月不灭"的大火灾。

随着进一步的挖掘，一个更加令人震撼的事实被揭示出来：项羽非但没有焚烧阿房宫，而且连诗人笔下那富丽无比、巍峨壮阔的阿房宫根本就没有存在过，它从来就没有建成过！

2003年年底，考古工作者在阿房宫周围14平方公里范围内的60余处夯土基址上反复探察，在挖掘的过程中，不断发现秦代和汉代的土层及汉代碎瓦，秦代在下，汉代在上，说明所有的历史遗迹都原封不动地保留在这里，如果后来的人们挖去下层约20万平方米的秦代土层的话，它上面的汉代土层及土层表面的汉代建筑物倒塌堆积层就不可能仍然保存。但是人们在阿房宫前殿遗址里却始终没有发现秦代的瓦当或瓦当残块，这些迹象说明，在阿房宫前殿的遗址台基上根本就没有秦代建筑存在过。换句话说，所谓的阿房宫根本就不存在，秦代并没有建成阿房宫。

根据史料记载，秦二世即位时，阿房宫“室堂未就”，便因秦始皇病死而停工了，将70余万劳力全部调去赶修始皇陵，等到这年四月“复作阿房宫”，七月爆发了大规模的陈胜吴广农民起义，“天下云会响应，赢粮而景从，山东豪俊遂并起而亡秦族矣”（《史记·陈涉世家》）。由此可见从重新开工修筑阿房宫到秦灭亡（公元前206年），一共只有短短的三四年时间，如此宏伟庞大的阿房宫显然是不可能建成的，它只不过是秦始皇的一个未尽的梦想而已。通过最新的钻探发掘和科学检测结果证明：阿房宫前殿遗址土台基上三面围墙内没有任何秦代建筑遗迹，对地下的试掘也证实，在其周围约3000平方米范围内，没有任何秦代宫殿建筑中的墙、殿址、壁柱、明柱、柱础石及廊道和散水及窖穴、排水设施等，前殿台基建成后的相当长一段时间都被一米多高的野草覆盖。阿房宫没有建成已成为不争的事实，诗人笔下富丽堂皇的阿房宫实际上仅有一个前殿。这一结果与《史记·秦始皇本纪》“……阿房宫未成；成，欲更择令名名之”，以及《汉书》“（秦）复起阿房，未成而亡”等记载是完全相吻合的。

“关羽大意失荆州”是真的吗

△ 关羽画像

看过《三国演义》或《三国志》的读者大都知道这个情节：赤壁大战之后，刘备派关羽镇守荆州及附近的几个郡。不料，后来关羽远征樊城，造成荆州空虚。曹操采纳司马懿之计，一面调5万精兵去救援樊城；一面联结东吴，叫孙权暗袭荆州。那时，东吴守将是大将吕蒙，很厉害。关羽为防吕蒙，留下重兵防范，吕蒙难攻。这时，陆逊献计说：“关羽自恃英勇无敌，所怕的就是你。如果将军辞职，关羽一定中计。”吕蒙依计而行，关羽果然中计，便把荆州重兵调来攻打樊城。结果，吕蒙率吴军攻破荆州。关羽被迫走麦城，被吴军设计俘虏并杀害，终于地失人亡。

对于荆州之失的责任，历史上似乎已有定论，而“关羽大意失荆州”也成了一句千古流传的民谚。但近年有人提出了疑问，从而引出了新的争论。

一、关羽应负主要责任吗?

一种意见认为，丢失荆州这块战略要地，关羽应负主要责任。“大意失荆州”之说，虽责之过于简单，但大体上符合历史的真相。理由是：

1.刘备、诸葛亮指派关羽镇守荆州，要求他“北拒曹操，东和孙权”，采取守势，等待时机再行北伐曹魏。但关羽麻痹轻敌，仓促行事，擅离防地，盲目发动对曹军的襄樊之役，给东吴以可乘之机。

2.关羽骄横无礼，不把盟友孙权放在眼里。孙权欲以关羽之女为子媳，关羽不但不允诺，反以“虎女不嫁犬子”来肆意辱骂，破坏孙、刘之间的友好邦交，促发了孙权以后的负盟背约，从而造成关羽腹背受敌。

3.吕蒙巧施离职就医的小计，关羽又丧失了应有的警惕，撤除了江防重兵，全力投入襄樊之战，使后方空虚，招致荆州之失。

另一种意见则认为，综观关羽一生，他并非完全是个骄矜自信、勇而无谋的匹夫。荆州之失的原因很多，主要不在于关羽的大意。那时，刘备在西线取得了很大的胜利，气势正盛，刘、孙之间又有盟约，关羽发动襄樊战役的时机应该说是成熟的。如不是孙权背信弃义，袭击后方，关羽在军事上的形势是十分有利的。再说，关羽发动襄樊战役时，在内部也作了积极的部署。以糜芳守江陵，命傅士仁屯公安，还留下部分兵力，提防孙权袭击后方，足见关羽并没有丝毫大意。

二、是诸葛亮战略上的错误吗？

一种意见认为，荆州之失的主要原因，是诸葛亮在战略上犯了轻重倒置的错误。他对这一地区的战略地位以及复杂的矛盾斗争，缺乏足够全面的认识，以致于让关羽孤军远悬，在兵力上处于劣势。从《隆中对》中，还可找到祸根所在，他说：“天下有变，则命一上将将荆州之军以向宛洛，将军（刘备）身率益州之众出于秦川。”显然，他把益州、秦川一线当做主力，把荆州、宛洛一线则看做偏师。

另一种意见则认为，仅凭《隆中对》中的这段话。就把荆州之失的责任推给诸葛亮，是不公正的。事实上，诸葛亮对荆州的战略地位，一直有比较清醒的认识。从兵力部署上，他没有轻视荆州，211年他与刘备分兵之时，刘备只带了黄忠、魏延少数将领入川，而诸葛亮本人则和关羽、张飞、赵云这些大将共同镇守荆州。

三、是刘备一手造成的吗？

一种意见认为，荆州之失的主要责任在刘备，是他违背了诸葛亮的战略

△ 荆州关帝庙

部署，导致了关军孤悬荆州的被动局面。理由是：

1.诸葛亮对益州的战略思想是出奇兵巧取。当刘备入川时，庞统也力劝刘备在涪城擒杀刘璋，以收到兵不血刃而定益州之效，但遭到了刘备的拒绝。后来，刘备北征汉中，庞统又建议他“阴选精兵，昼夜兼道，径袭成都”，刘备也没有积极采纳，结果造成了军事上的被动，不得不从荆州飞调诸葛亮、张飞、赵云入川。

2.当诸葛亮、张飞、赵云入川后，刘备又没有及时添补力量去辅助关羽。而是让他独当一面。当曹操与孙权合流，南北夹击关羽之时，刘备也没有给他添过一兵一卒，这就使关羽在军力上处于绝对劣势。

另一种意见则认为，刘备为了开拓疆土，攻占益州，进军汉中，在不得已的情况下，这才调出诸葛亮、张飞、赵云。在多方用兵之际，关羽却自作主张，另辟战场，始则进军神速，继则土崩瓦解。何况益州与荆州相隔遥远，刘备纵有天大的本领，也是来不及调兵增援的。

看来，这些意见都各有其道理，争论也还将延续下去。

曹操真的建有七十二疑冢吗

曹操，字孟德，小字阿瞒，沛国谯郡（今安徽省亳州市）人。东汉末年军事家、政治家及诗人。他出生在宦官世家，其父亲曹嵩原是夏侯氏的后裔，后来成为宦官曹腾的养子。曹操文武双全，《魏略》说他“才力绝人，手射飞鸟，躬禽猛兽，尝于南皮，一日射雉获六十三头”。《三国志》说他“才武绝人”。

192年，曹操正式组建了自己的军事集团“青州兵”，196年率军进驻京城洛阳，“挟天子以令诸侯”。后来，经官渡之战等战役，打败袁绍和其他割据军阀，统一了中国北部。208年12月，于赤壁之战中败于孙权和刘备联军，从此形成中国历史上魏蜀吴三国割据的局面。213年，曹操晋爵魏王，名义上虽为汉臣，但权倾朝野，实际上已行皇帝之事。曹操死于220年3月15日，终年66岁。

但是这样一个权力与地位不亚于帝王的枭雄却提倡薄葬，218年，曹操颁布了一道《终令》，再次提出死后不要厚葬，要将自己埋葬在瘠薄的土地上，依照地面原有的高度作为圹基，陵上不堆土，不植树。一年后，他为自己准备了送终的四季衣服，并留下遗嘱说：“我如果死了，请按当时季节所穿衣服入殓，金玉珠宝铜器等物，一概不要随葬。”

为了防止死后陵墓被盗，在力主和实践“薄葬”的同时，曹操还采取了“疑冢”的措施。传说，在安葬他的那一天，72具棺木从东南西北四个方向，同时从各个城门抬出。那么这种传说到底是不是真实的呢？假如是真实的，这72座陵墓在什么地方呢？

一种观点认为，曹操并没有密葬，更未设疑冢，只不过是主张丧葬从简而已。

△ 曹操高陵墓门

从现存的史料看，曹操对自己墓葬的安排得到了认真的落实。他的儿子曹丕的《策文》、曹植的《诔文》中都描述了葬礼和入殓的情况，不仅交代了葬在邺城之西，而且还写到曹操入殓时穿的是补过的衣服。晋代文人陆机、陆云兄弟的《吊魏武帝文（并序）》等作品中，都有关于曹操丧葬和墓田情况的介绍。在《三国志》、《晋书》等史书中司马懿、贾逵、夏侯尚等人的传记里也都有他们护送曹操灵柩到邺城入葬的记载。

如果一定要说曹操设疑冢的话，那他就是在留给后人的这么多史料上都作了假，不仅在生前，死后还有儿子、大臣以及改朝换代后的文人、史家出力，且在以后的几百年间无人发现，之后却被人没有多少切实依据而指出来，这似乎有些荒诞。

根据有关记载显示的情况是，由于丧葬从简，没有建设高大坚固的祭殿，在战火中，曹操的祭殿逐渐遭到了破坏。因为曹操的墓中没有随葬金玉器物，也不为盗墓者所重视，再加上没有封土建陵，也没有植树，过了几个朝代之后，曹操墓所在地便无人知晓了。史料显示，到唐代人们对曹操墓的位置还没有什么疑问，唐太宗李世民曾到过曹操墓，作文为祭。宋代司马光著的《资治通鉴》中仍有曹操葬于高陵的记载，元人胡三省的注中更是指出高陵在邺城之西。从《三国志》到《资治通鉴》，曹操的丧事和墓葬，在史书记载中没有多少疑问。从北宋开始，虽然曹操墓的位置在史书上有记载，但在实际的地理环境中就没有人知道其真实的所在了。

从北宋开始，因为多种原因，曹操奸雄形象开始定型，其墓址不详就成了反映他奸诈的一个证明。邺城以西有北朝墓群，被传为曹操的七十二疑冢，并从口头传说逐渐进入诗文，罗贯中在《三国演义》中，将传说加以渲染，成了曹操遗命于彰德府讲武城外，设立疑冢七十二。传说成了遗命，显示出曹操一息尚存就要行诈，渲染了其奸雄形象。南宋人罗大经在《鹤林玉露》中说："漳河上有七十二冢，相传云曹操冢也。"俞应符在《曹操疑冢》中写道："生前欺天绝汉统，死后欺人设疑冢。人生用智死即休，何有余计到丘陇。人言疑冢我不疑，我有一法君未知，尽发七十二疑冢，必有一冢藏君尸。"元人陶宗仪《南村辍耕录》也写道："曹操疑冢七十二、在漳河上。"

蒲松龄的《聊斋志异》中也收入了一篇《曹操冢》并将地点从邺城扩大到许昌城外，位置从地下扩大到水底，点出曹操墓可能在其设的七十二疑冢之外，更显示出其诡诈。褚人获的《坚瓠集》续集有"漳河曹操墓"条，说有捕鱼者，见河中有大石板，旁有一隙，入行数十步得一石门，"初启门，见其中尽美女，或坐或卧或倚，分列两行。有顷，俱化为灰，委地上。有石床，床上卧一人，冠服俨如王者。中立一碑。渔人中有识字者，就之，则曹操也。"随着这些杰作的流传，曹操墓之谜就更加引人注目，也更加扑朔迷离了。在众口相传的民间舆论面前，史料则显得有些苍白无力。

1988年《人民日报》发表一篇文章《"曹操七十二疑冢"之谜揭开》说，"闻名中外的河北省磁县古墓群最近被国务院列为第三批全国重点文物保护单位。过去在民间传说中被认为是'曹操七十二疑冢'的这片古墓，现已查明实际上是北朝的大型古墓群，确切数字也不是72座，而是134座。"关于疑冢的说法便被确证不是准确的了。

那么，曹操的墓葬究竟在哪儿呢?

一些人根据古诗"铜雀寓观委灰尘，魏之园陵漳水滨。即令西湟犹堪思，况复当年歌无人"认为曹操墓是在漳河河底；还有人根据民谣"漳河水，冲三台，冲塌三台露出曹操的红棺材"，认为曹操墓在邺城的铜雀台等三台之下，这几种说法与史实明显不符，也没有考古发现的证据。

还有一些人认为，曹操的陵墓在其故里谯县的“曹家孤堆”。据《魏书·文帝纪》载：“甲午（220），军治于谯，大飨六军及谯父老百姓于邑东。”《亳州志》载：“文帝幸谯，大飨父老，立坛于故宅前树碑曰大飨之碑。”曹操死于该年正月，初二日入葬，如果是葬于邺城的话，那魏文帝曹丕为何不去邺城而返故里？他此行的目的是不是为了纪念其父曹操？《魏书》还说：“丙申，亲祠谯陵。”谯陵就是“曹氏孤堆”，位于城东20公里外。这里曾有曹操建的精舍，还是曹丕出生之地，此外，又据记载：亳州有庞大的曹操亲族墓群，其中曹操的祖父、父亲、子女等人之墓就在于此。由此推断，曹操之墓也当在此。但这种说法也缺乏可信的证据，遭到许多人的质疑。

近来，一些文物、文史工作者为寻找曹操墓而进行了不懈的努力，并出土了可证明曹操墓位置的石碑、石刻，虽然还不能确定曹操墓的准确位置，但基本上认定了其大致范围，即在河北磁县时村营乡中南部和讲武城乡西部或河南安阳县安丰乡境内，他们的依据是：曹操生前对自己墓葬位置有了明确安排，《遗令》中说要葬于邺之西冈上，与西门豹祠相近，这里方位与之相符；《遗令》中还说要其后人“时时登铜雀台，望吾西陵墓田”，经实地考察，这一带处在从铜雀台一带登高西望所见的最好位置；这里地势较高，漳河不能灌溉，土质较差，至今这里不少土地仍难以耕作，完全符合曹操《终令》中古之葬者，必居瘠薄之地的要求；《三国志》、《晋书》等正史中都有曹操葬于这一带的有关记载；从选墓的古代堪舆学理论，这一带也适于建造帝王陵墓。他还认为当地的地名如武吉、西曹庄、朝冠、东小屋、两小屋等也与守陵和祭祀有关。后来出土的后赵十一年鲁潜墓志也证明了这一点，鲁潜墓志反映的曹操墓位置，与磁县时村营乡中南部和讲武城乡西部，只隔一条漳河，属于一个方向。

相信经过考古发掘，曹操墓之谜最终会被解开。

曹操为什么至死都不登基称帝

《三国志》记载，建安元年八月，曹操亲至洛阳朝见汉献帝，随即挟持汉献帝迁都许昌，将献帝变成自己手中的一个傀儡和一张王牌，取得了“挟天子以令诸侯”的优势。献帝任命曹操为大将军，封武平侯，后来因为袁绍不满，曹操才将大将军的职位让给袁绍，自己改任司空，兼车骑将军，并从此开始主持朝政。

随着实力增强，曹操对于朝政的控制也越来越严密，献帝的傀儡化程度也就越来越深了。

建安217年4月，汉献帝诏令曹操设置只有天子才可使用的旌旗，外出时像皇帝那样，左右严密警戒，不让行人通行。5月，曹操修建了诸侯有权享受的学宫泮宫。6月，曹操任命军师华歆为御史大夫。10月，汉献帝诏令曹操像天子那样头戴悬垂有12根玉串的礼帽，乘坐专门的金银车，套6马。同时，封长子五官中郎将曹丕为魏国太子。

就这样，曹操完成了夺取帝位和世袭权力的所有准备，在通向帝王的道路上，几乎已经走到了终点。他不但早已在事实上控制了朝廷的一切大权，使自己成了一个实际上的皇帝，而且在形式上，也同皇帝没有什么两样了。他唯一没到手的，只不过是一个皇帝的名号而已。

事实上，曹操的代汉意图早就昭然若揭，但至死他也没有迈出最后的一步。这是为什么呢？据研究，主要有以下几个方面的原因：

其一，孙权曾力劝曹操称帝，这是孙权从自己的利益出发的。首先，孙权认为这样做可以获得曹操的信任，从而实现吴、魏之间的和解，自己就可以专心对付蜀汉。襄樊之役中，孙权为了从刘备手中夺回荆州，从背后袭击

△ 曹操画像

关羽，帮了曹操的大忙，但却得罪了刘备，吴、蜀之间长达10年的联盟关系就此结束，这时他比任何时候都更需要缓和同曹魏的矛盾，否则就会陷入腹背受敌的不利境地。其实，孙权认为曹操如果真的称帝，拥汉派将会强烈反对，曹操因此陷入困境，减轻对吴国的威胁。因此，曹操看穿了孙权的意图，不肯轻易上当。

其二，从当时的形势来看，如果曹操贸然称帝，确实会给政敌和拥汉派势力一个舆论上的借口，使自己在政治上陷入被动。综观曹操的一生，内部的反对和反叛大都发生在他被封为魏公、魏王之后，就是最好的证明。因此，继续维持献帝这块招牌，对于安抚拥汉派，巩固内部，仍有不可忽视的作用。

其三，至少从210年起，曹操一再“自明本志”，说自己绝对没有代汉自立的意图，言辞恳切，说了差不多10年，现在如果突然改变主意，否定自己，对自己的声誉名节必然会造成不利影响，不如坚持把戏演下去。

其四，更重要的是，曹操是一个讲求实际的人，只要掌握了实权，虚名并不重要，“施于有政，是亦为政”一语，是他内心想法的真实写照。此外，219年曹操已65岁，年纪大了，估计自己将不久于人世，这也可能是他不愿称帝的另一个原因。

刘备“三顾茅庐”去见诸葛亮是真的吗

著名古典小说《三国演义》写刘备“三顾茅庐”聘请诸葛亮出山、辅助他建功立业的礼贤下士态度，写得有声有色，把刘备对诸葛亮的尊敬，关公、张飞的居功不服，描绘得惟妙惟肖，趣味横生。这段三顾茅庐故事，是罗贯中根据陈寿《三国志·诸葛亮传》和裴松之注的记载，而进一步创作的小说故事。刘备与诸葛亮第一次相见，是否是“三顾茅庐”，学术界所持的看法是不相同的。

《三国志·诸葛亮传》对刘备与诸葛亮第一次相见的记载是：刘备屯兵新野时。徐庶见刘备，很受器重。徐庶对刘备说：“诸葛孔明者，卧龙也，将军愿与他相见吗？”刘备说：“您和他一起来吧。”徐庶说：“可以登门去见此人，不能叫他屈驾来此。”于是，刘备亲自到诸葛亮那里去请教。凡3次前往，乃相见。但没有写关公、张飞同往，也没有写相见于茅庐之中。裴松之引《襄阳记》说：刘备向司马德操请教时事。司马德操说：“我乃儒生俗士，岂识时务？识时务者在乎俊杰。此间自有卧龙凤雏，”刘备问为谁，司马德操说：“诸葛孔明、庞士元也。”这是说是司马德操首先向刘备推荐诸葛亮的。

罗贯中创作《三国演义》时，把这两种史料都吸收了进去。写司马德操推荐于前，但只说“卧龙、凤雏，两人得一，可安天下”，而没有说出卧龙、凤雏是谁。徐庶推荐于后，才说出了诸葛亮的名字。

刘备见诸葛亮的隆中，即现在的湖北襄阳市西10余里的地方。这里有“古隆中”牌坊、三顾堂等传说遗迹。三顾堂前，还有刘、关、张三顾茅庐时拴马的古树。1956年，董必武同志还题写了楹联：“三顾频烦天下计，一番晤对古今情。”河南省南阳市也有诸葛亮的躬耕遗迹。东汉时，今湖北襄阳市隆中属今河南省南阳市之南阳郡管辖。所以两地都有诸葛亮的遗迹。

△ 刘备画像

诸葛亮自己写的《出师表》中也说：“先帝不以臣卑鄙，猥自枉屈，三顾臣于草庐之中……”这是最有力的证据。陈寿在《三国志》中写到的《隆中对》，更详细地记录了刘备，几次往访以及诸葛亮侃侃而谈的内容。刘备三顾茅庐一直被当做求贤若渴、尊重人才的典范。刘备当时正处于困难时期，急需人才，三顾茅庐从情理上看，完全是极有可能的。历代没有人对此事的真实性提出异议。后来的作家、诗人都把这个千古美谈引入自己的作品中。唐代大诗人李白写道：“当其南阳时，陇亩躬自耕。鱼水三顾合，风云四海生。”杜甫的诗也写道：“三顾频烦天下计，两朝开济老臣心。出师未捷身先死，长使英雄泪满襟。”元代至治新刊《全相三国志平话》扉页，即刊刻了刘备三顾茅庐的画面，刘备在草门外与书童谈话，关公、张飞在一旁站立，诸葛亮在茅屋内席地而坐。明人还写有传奇《草庐记》，专门写这段故事。京剧、徽剧、青阳腔、川剧、汉剧、滇剧、秦腔、豫剧、河北梆子、同州梆子等，都有这段故事的剧目，有的叫《三请诸葛》，有的叫《三请贤》或《三顾茅庐》，演出很受群众欢迎。

近年来有人指出：三顾茅庐的记载并不可信。诸葛亮是位胸有宏图之士，刘备请他出山，当然正合他的心意，他岂能大摆架子，使找上门来的机会可能失去。当时诸葛亮不过是个27岁的青年，刘备则是个有声望的政治家，对诸葛亮怎能那样低三下四？当时，刘备正面临曹操几十万南征大军的威胁，《隆中对》对燃眉之急的现实问题不提，是不合乎情理的。同时，刘备初见诸葛亮，不会安排现场记录。所谓《隆中对》，很可能是后人为了附会《出师表》中的三顾茅庐之说而加以杜撰的。

三国人鱼豢写的《魏略》中，所写刘备初见诸葛亮的情况，也不是“三顾茅庐”。《魏略》说：“刘备屯兵于樊城。”这时，曹操方统一黄河以北，诸葛亮预见到曹操就要攻击荆州。荆州刘表性情懦弱，不晓军事，难以抵抗。诸葛亮乃北行拜见刘备。备与亮初次相见，又以其年小，以诸生对待之。诸葛亮通过谈论对当时政局的对策，才逐步改变了刘备对他的冷淡态度。最后，才“以上客礼之”。在西晋司马彪的《九州春秋》中也作过相同的记载。

从诸葛亮终生积极进取的性格看，《魏略》、《九州春秋》所记载的诸葛亮登门见刘备是可信的。《魏略》是当时人写当代的历史，真实性是没有什么可怀疑的。

清代洪颐煊认为三顾茅庐与樊城自请相见都是真实的。他在《诸史考异》中说：诸葛亮初见刘备于樊城，刘备虽以上客待之，但没有特别器重他。等到徐庶举荐时，刘备再次相见，始情好日密。并指出：初见是在建安十二年，再次相见是在建安十三年。诸葛亮以后甚为感激，因而记入了《出师表》中。清代严可均《全三国文》载诸葛亮的著作《算计》，即是从《魏略》中选取的一段诸葛亮的话。

已故陆侃如教授认为，樊城与新野两次相见也是可能的，因而《三国志·诸葛亮传》与《魏略》记事互不相同。不过两次相见都是在建安十二年。

诸葛亮真的造过“木牛流马”吗

根据史书记载，足智多谋的诸葛亮确实制造过神奇的木牛流马。

△ 诸葛亮像

在那个科技欠发达时代能造出如此先进的交通工具，确实是个奇迹。陈寿在《三国志·蜀志·诸葛亮传》记载：“（建兴）九年（231），亮复出祁山，以木牛运，粮尽退军……十二年春，亮悉大众由斜谷出，以流马运，据武功五丈原。”“亮性长于巧思，损益连弩，木牛流马，皆出其意。”

《三国演义》则对木牛流马叙述得绘声绘色、活灵活现，其第一百二十回“司马懿占北原渭桥，诸葛亮造木牛流马”中，描写诸葛亮六出祁山，七擒孟获，威震中原，发明了一种十分神奇的运输工具，名为“木牛流马”，解决了几十万大军的粮草运输问题。由描述可见，这种工具不耗用能源，不会造成能源危机；不污染环境，非常的绿色环保。

木牛流马最远可追溯到春秋末期。据王充在《论衡》中记载：鲁国木匠名师鲁班就为其老母巧工制作过一台木车马，且“机关具备，一驱不还”。或许诸葛亮就是受了鲁班的启发，才制出了木牛流马来。

那么，木牛流马究竟是什么样的机械呢？《诸葛亮集》中有这样的记载："木牛者，方腹曲头，一脚四足，头人领中，舌著于腹。载多而行少，宜可大用，不可小使；特行者数十里，群行者二十里也。牛仰双辕，人行六尺，牛行四步。载一岁粮，日行二十里，而人不大劳。"这段记载，尽管对木牛形象地作了描绘，并且下文还对流马的部分尺寸作了记载，但是因为没有任何实物与图形存留下来，后人难以复制。

三国归晋之后，陈寿将诸葛亮的文章、兵书、奏折编辑成《诸葛亮集》，又称《诸葛氏集》。在《三国志》本传中载有《诸葛氏集目录》，共24篇，104112字。裴松之注《三国志》时多次引用《诸葛亮集》。所以，《诸葛亮集》中的这一段文字，应该是可靠的。

多年来，对木牛流马的解释，一直众说纷纭，莫衷一是。综合分析认为，以下三种说法的可能性比较大。

一、木牛流马是普通独轮推车。

《宋史》和明代王圻所著的《稗史类编》等史籍，认为木制独轮小车在汉代称为鹿车，诸葛亮加以改进后称为"木牛流马"，北宋才出现独轮车的称呼。

北宋前期官修"四大书"之一的《太平御览》卷七七五所引用的东汉学者应劭的《风俗通》，是最早记载"鹿车"的典籍。其曰："鹿车，窄小裁容一鹿也。"陆游的诗《送子坦赴盐官县市征》中也提到了"鹿车"："游山尚有平生意，试为闲寻一鹿车。"这种说法认为，诸葛亮的"木牛流马"是在鹿车的基础上加以改进的，和后来的独轮车没有太大的差别。

从考古发现来看，在四川的渠县出土有蒲家湾东汉无名阙背面的独轮小车浮雕，还有燕家村东汉沈府君阙背面的独轮小车，大致再现了"木牛流马"的模样。这两种独轮车都很独特，其车形似牛似马，具有独特的运输功能。木牛有前辕，引进时人或畜在前面拉，人在后面推。而流马没有前辕，行进时不用拉，仅靠人推。

有论者认为，三国时蜀汉偏处西南一隅，马匹有限，并且多被用于骑马作战，运粮运草主要靠人力。这样，普通独轮推车"木牛流马"，便应运而

△ 现代人想尽一切办法来复制当年的木牛流马

生，发挥了很大的作用。至于“木牛流马”称呼，是因为独轮车不用牛马，一个人就能推着走，为不吃草的牛（木牛）、能流转的马（流马），这与今天称拖拉机为“铁牛”、摩托车为“电驴子”的道理一样，是一种比较形象的叫法。

大多数研究者、考古者都认为，所谓木牛流马并不是什么造物奇观，而是传说的神化和记载者的夸张与误会，其实就是普通独轮推车而已。

二、木牛流马是奇异的自动机械。

在陕西省汉中市勉县的黄沙镇，史料记载这里是诸葛亮当年造木牛流马的地方。据考证，诸葛亮当年在8年北伐中，木牛流马总共用过3次。木牛流马就是从这里出发，走过250公里的栈道，到达前线祁山五丈原。当地的老人曾这样描绘过传说中的木牛流马：“木头做的马头，再有其他零星的小块组成马身子，再组上马腿，肚子中间安上齿轮，木马后边有一个扳手，操作时一压走一步，再一压走一步。”从这个传说中可以看出，木牛流马是有齿轮的，而且似乎也运用了杠杆原理。

《南齐书》、《太平御览》，还有现在的《词源》认为，三国时，运用齿轮原理制作机械，已屡见不鲜，包括东汉毕岚所作的翻车，三国韩暨所作的水排，魏国马钧所作的指南车。

《南齐书·祖冲之传》记载说：祖冲之“以诸葛亮有木牛流马，乃造一器，不因风水，施机自运，不劳人力”。意思指祖冲之在木牛流马的基础上，造出更胜一筹的自动机械。以此推论，三国时期利用齿轮制作机械已属常见，后世所推崇的木牛流马，很有可能是令祖冲之感兴趣的、运用齿轮原理制作的自动机械，否则祖冲之是不会有兴趣拿它来做参考和对比的。但令人难以理解的是，祖冲之同样也未留下关于这个“更胜一筹的自动机械”的只字片图。

三、木牛流马是四轮车和独轮车。

宋代典籍《事物纪原》卷八认为：“木牛即今小车之有前辕者；流马即今独推者是，而民间谓之江州车子。”《事物纪原》是宋代高承编撰的一部书，专记事物原始之属。凡10卷，共记1765事。此书“自博弈嬉戏之微，鱼虫飞走之类，无不考其所自来”，作者的考证功夫很深，所持之说有极大的参考价值。

而《中国通史简编》的作者、现代著名史学家范文澜则认为，木牛是一种人力独轮车，有一脚4足。所谓一脚就是一个车轮，所谓4足，就是车旁前后装4条木柱；流马是改良的木牛，前后4脚，即人力四轮车。虽然它们的尺寸与古代的木牛流马不尽相同，但工作原理差不多：木牛的载重量比较大，行进缓慢，比较适宜在平缓的道路上运行；流马则是专门用于山区运输的工具。

上述几种观点，不一而足，究竟哪一种说法最符合木牛流马的原貌，仍待后人去深入研究。

今天的匈牙利人真的是匈奴人的后裔吗

匈奴是曾经在中国北方驰骋了10多个世纪的一个古老民族，他们在公元前10世纪之前就生活在中国北方、东北方的广阔草原上。后来，他们不断南侵，严重骚扰了中原人民的正常生活。西汉时期，在中原王朝的严厉打击下，匈奴很快衰落，不久又陷入内乱。公元前60年，虚闾权渠单于死后，匈奴统治集团内部发生了严重的分裂和内讧，出现了五单于争立的局面，匈奴几乎陷入绝境。最终，呼韩邪单于稽侯珊取得优势，占据了单于王庭，并归降汉朝为藩臣。与呼韩邪单于对抗的郅支单于见汉朝大力支持呼韩邪单于，怕不利于自己，遂率众渐渐西迁。汉元帝时，应呼韩邪单于的请求，王昭君以公主的身份出嫁，将已经友好的汉匈关系推向了新的高峰。一直到王莽篡汉为止，匈奴与汉朝的和平隶属关系保持了40多年之久。

王莽篡汉以后，骄傲自大，采取侮辱匈奴单于的政策。使中原王朝与匈奴的关系趋于紧张，一直持续到东汉初年。

公元46年，左贤王蒲奴成为新一代单于，统治集团内部出现了矛盾，导致政局不稳定。同时，匈奴境内连年大旱，赤地千里，瘟疫流行，人畜大量死亡，被匈奴役使的原东胡后裔乌桓部乘机反叛，迫使匈奴部落向北迁徙。社会的混乱又加剧了统治阶级内部的矛盾。

公元48年，统管匈奴南八部的呼韩邪单于之孙——日逐王比自立为单于，仍以呼韩邪为号，表示效法祖宗归附中原、卫护汉匈友好关系的意志和决心。然后，他率部南迁，归降汉朝，东汉政府封他为南单于。

从此，留在中国境内的匈奴分裂为南北两部。

南匈奴的实力比北匈奴弱，在东汉的大力支持下才得以维持。东汉极力阻止南北匈奴的联合，并支持鲜卑、西域各族为摆脱北匈奴的统治而进行的斗争。在多方打击下，北匈奴不得不全面退守漠北和西域北部一带。

公元89年（和帝永元元年），汉朝利用北匈奴内部矛盾和新遭自然灾害，与南匈奴等联兵出击北匈奴。北单于接连大败，率部分族人西迁，北匈奴政权全面瓦解。漠北地区被西进的鲜卑族占据，而留在草原东部的匈奴尚有10余万人。他们归顺了鲜卑，以鲜卑人自称，成为鲜卑族的一部分。

西逃的北匈奴单于先迁到乌孙驻地（伊犁河流域一带），以后有部分继续西迁，最终可能跟随之前西迁的匈奴人进入欧洲。还有一部分匈奴人没有继续迁徙，留在了阿尔泰山和天山东端之间。他们经常侵袭车师后王国和山北六国，给东汉在西域的统治以及西域各国的安定带来极大的威胁。直到151年，汉朝军队才最终消灭这支匈奴残部。从此，匈奴在西域的活动基本消失了。还有相当多的北匈奴人归降了汉朝和南匈奴，被安置在北方边郡。后来有些又叛逃而去，继续游牧于大漠南北地区。两晋时期，塞外仍不断有匈奴人归降中原王朝，可见即使在北匈奴政权崩溃后，仍有不少匈奴部落居住在塞外大草原上。

原本实力弱小的南匈奴已今非昔比。由于东汉政府的扶持和不断吸纳降众，在北匈奴破灭之后，南匈奴已拥有近24万人口，精兵5万。140年（顺帝永和五年），南匈奴发生内乱，东汉政府为了避免侵扰，将河西、上郡、朔方等郡内移，塞外匈奴随之进一步内迁，大多数定居于汾水流域一带。这为他们由畜牧经济向农耕经济转化并进一步入迁中原提供了有利条件。

东汉末年，黄巾农民起义爆发，各地封建割据势力乘机而起。受本民族贵族以及汉族割据势力驱使，匈奴人也卷入了这场逐鹿中原的混战中。当时，袁绍、袁术、曹操和董卓等军阀的阵营中都有匈奴人，匈奴由此进入了中原腹地。

202年，曹操逼降南匈奴末代单于呼厨泉，对南匈奴采取分而治之和限定居住范围的政策，以便控制和削弱他们的力量。216年，单于呼厨泉率诸王朝见曹操，曹操乘机把单于留在邺城，而让右贤王回去管辖各部。随后，曹操又把呼厨泉的部众分为5部：左部1万余户，居于太原郡兹氏县（今山西汾阳）；右部6000余户，居于祁县（今山西祁县东南）；南部3000余户，居于蒲子县（今山西隰县）；北部4000余户，居新兴（今山西忻县）；中部6000余户，居于大陵县（今山西文水县东北）。每部以贵族为领导者，并任用汉人对他们实行监督。从此，单于徒有虚号，没有实际能够控制的地域。单于王庭虽仍在平阳，单于却被困于邺城；5部众虽分驻5个地方，其统领却都家住在晋阳汾水之滨。匈奴的部落组织虽然保存，但匈奴上层贵族已不能直接统治他们的部众，统治的实权已转移到曹魏手中。从此，南匈奴部众被纳入曹魏政权体系，他们接受所在郡县地方官的管理，并被编入户籍，与汉人一样都是平民了。

△ 匈奴人复原像

在南匈奴淡出历史舞台时，其他匈奴部落却活跃起来。

其中一支称“屠各”，又叫“休屠各”，是汉代匈奴休屠王的后裔。他们原本被安置在西北边郡，后来被刘渊统帅，人数众多，实力也很强。为了提高自己的威望和获取匈奴贵族的支持，刘渊对外声称自己是匈奴单于于扶罗之孙，左贤王刘豹之子。其后，屠各匈奴和南匈奴联合起来，建立了前赵。

另一支叫做“卢水胡”，定居于甘肃张掖到武威一带。沮渠蒙逊曾在此建立北凉政权。

还有一支叫做“铁弗匈奴”。这一支是鲜卑与匈奴两族融合而成的民族。他们原本居住在内蒙古河套一带，后来逐渐迁徙到塞内。407年，铁弗匈奴首领赫连勃勃建国，称天王大单于，国号夏，建都于统万城。

屠各、卢水胡和铁弗匈奴是匈奴民族消亡前较著名的3支，他们都曾建立过地域性的政权。但这些政权往往都是与汉族等其他民族上层共同建立的，其性质与从前的匈奴单于国有着根本的不同。它们都不是单一的民族政权，而是多民族同建共处的政权。随着上述几个政权的灭亡，匈奴民族也在历史上逐渐消失了。入迁内地的匈奴人民最终大多数融入汉族之中。

建立大夏国的赫连勃勃，父亲姓刘，其子孙也姓刘，只有赫连勃勃自号“赫连”。现在陕北姓刘的人很多，或许其中就有匈奴人的后裔。匈奴的部族很多，进人中原后多姓刘、贺、呼延、万俟等，很多生活在今天的陕西、山西等地。

留在中国境内的匈奴民族渐渐被汉族同化。那么，西迁的匈奴族又是什么命运呢？匈牙利人说，这支匈奴人最后定居在匈牙利，今天的匈牙利人就是匈奴人的后裔。

匈牙利诗人裴多菲在一首诗中曾经这样写道：“我们那遥远的祖先，你们是怎么从亚洲走过漫长的道路，来到多瑙河边建立起国家的？”从中可以看出，和许多匈牙利人一样，裴多菲认为自己是匈奴人的后裔。有人认为，欧洲匈奴帝国瓦解之后，一些匈奴部落定居于多瑙河中游。公元9世纪初叶，散居在乌拉尔山和卡马河、伏尔加河之间的游牧部落经过南俄草原，迁徙到多瑙河中游和蒂萨河流域。以马扎尔部落为核心的7个部落结成联盟，和定居当地的匈奴人后裔融合在一起，奠定了今天匈牙利的基础。今天的匈牙利人，所使用的语言从语系上说是属于东方的。匈牙利人吹唢呐和剪纸的情形与中国陕北一样，他们说话的尾音也与陕北口音很相似。

匈奴人到底在哪里？要回答这个问题，还要更认真、细致地进行求证。虽然汉民族与匈奴民族之间在2000年前曾有过不睦，但我们也有着和平相处的美好回忆。每个华夏儿女都在关心着匈奴人这个失踪了的同胞的命运。

晋朝时“竹林七贤”之一的嵇康为何被杀

△ 嵇康画像

嵇康是竹林七贤之一、字叔夜，今安徽宿县人。他本不姓嵇，据说姓奚，但为何改名为嵇，史书没有记载，后人也自然不知道是什么原因了。嵇康曾是三国时期曹魏王室的女婿，官至中散大夫，又被后人称为嵇中散。但魏后被西晋所灭，嵇康就做了司马家族的臣子。

当时嵇康的名气很大，但是最后却没有享尽荣华富贵，而是被司马昭杀了。但被杀的原因却一直有不同的说法。

有人认为，这是受嵇康的好友吕安被逼迁往边境时写给他一封信的牵连。吕安是吕庶的弟弟，吕庶是司马昭的心腹钟会的亲信。根据干宝所著的《晋书》记载，因为吕庶对吕安貌美的妻子产生了淫念。后来这件事被吕安知道，吕庶倒打一耙，反告吕安毁谤自己，因此，吕安被迫迁徙边境。吕安在这种处境下无可奈何，就写信给嵇康苦诉衷肠，因为信内“昔李叟入秦，及关而叹”之句触怒了司马氏，因而吕安被抓入狱，嵇康也被一同入狱，并一同为司马懿杀害。但有学者认为《与嵇茂齐书》很难说是吕安写给嵇康的，因而此说靠不住。

还有人认为是钟会谋害了嵇康。据《魏氏春秋》载，钟会是当时有名的公子，又为司马昭所亲近，他听说到嵇康的大名，就去拜访他，但嵇康对钟会的造访未予理睬，等到钟会自知没趣而准备走时，嵇康问钟会说：“何所闻而来？何所见而去？”钟会以极大的忍耐心，回答说：“有所闻而来，有所见而去。”钟会本是“以才能贵幸，乘肥衣轻，宾从如云”的人，自然不能忍受嵇康对他的轻蔑，因而一直耿耿于怀。后来，吕安事发，让嵇康作证，嵇康便大义地替吕安申明了事情。这就更加激怒了钟会，因而他就向司马昭进谗。据刘孝标所作《世说新语》注引用的《文士传》里的话说：“吕安罹事，康诣狱以明之。钟会庭论康曰：‘今皇道开明，四周风靡，边鄙无诡随之民，街巷无异之议。而康上不臣天子，下不事王侯，轻时傲世，不为物用，无益于今，有败于俗。昔太公诛华士，以其负才乱群惑众也，今不诛康，无以清洁王道。’”因此，司马昭就把嵇康给杀了。孙绰在《道贤论》中也说“中散祸作于钟会”。

另一种说法是嵇康的某些言辞引起了司马氏的不快。因为嵇康是魏王室的女婿，感情上更有些偏向曹魏，所以从司马懿杀曹爽开始，对曹魏一党的大肆屠戮，激起了嵇康的对抗情绪，因此，他作了《太师箴》抨击“宰割天下，以奉其私”的恶劣作风。在毌丘俭、文钦起兵讨伐司马氏时，他想响应，只因山涛阻止，才未能成愿。毌丘俭、文钦事败被杀后，他就作了《管蔡论》替周时的管叔、蔡叔的作乱辩护，说他们的作乱是因为“思在王室”，考验周公辅成王是否心诚，借机影射司马氏的篡魏。因此，这当然引起司马氏的极大忌恨，所以他找了一个借口便杀了嵇康。

以上3种说法因为缺乏足够的证据而无法让人信服，要想解开这个谜团，还需要进一步研究。

唐朝皇室会是“夷狄”的后裔吗

唐朝是中国历史上最辉煌的一个朝代，经济繁荣，文化昌盛，在世界上的地位显赫一时，形成了中华民族引以为傲的盛唐气象。唐高祖、唐太宗、武则天和唐玄宗等杰出有为的封建君主励精图治，大胆地采取海纳百川的开明政策，经过贞观之治到开元盛世，把封建社会推到盛世局面。唐朝正处于胡汉融合的历史阶段，李唐皇室的血统也变得复杂起来，成为一个历史谜案。

唐朝人重视血统，喜欢夸张地描述自己的家族血统。李唐皇室也未能免俗，将自己的祖先追溯到春秋时期的李耳（老子）和十六国时期的西凉皇帝李暠。在过去的1000年里，唐皇室出身陇西李氏是史学界的主流意见。但近年来，学术界里出现了另一种声音，认为李唐皇室为“夷狄”之后。双方各执一词，众说纷纭。

一说为胡族论。一些学者认为，唐“源流于夷狄”，是塞外蛮夷入迁中原之族。刘盼遂先生在《李唐为蕃姓考》一书中考证，认为李氏出自拓跋族。王桐龄先生在《杨隋李唐先世系统考》中也支持这种说法。据史书记载，李世民自称高祖李渊的七世祖是西凉武昭王李暠，他的这种说法遭到高僧法琳的反驳。法琳说：“琳闻拓跋达阇，唐言李氏，陛下之李，斯即其苗，非柱下陇西之流也。”如果李氏确实出身陇西，那么法琳就没有理由出言不逊，当面反对李世民的意见。

在《隋唐嘉话》一书中，单雄信称李世民之弟李元吉为“胡儿”。《旧唐书》也为这种观点提供了佐证，说李渊的曾孙滕王李涉“状貌类胡”。《新唐书·宗室世系表》记载李渊祖父李虎有兄名“起头”，有弟名“乞豆”，李起头之子名“达摩”，这些名字都是胡族名字，而非汉名，由此可证明李氏源于胡族。再者，李唐皇族中，乱伦之事层出不穷，这在另一方面，也证实了这一论调。如李世民纳其弟元吉妃杨氏为妃，高宗李治封李世民的才人武则天为皇后，唐玄宗李隆基强占儿媳杨玉环，都是众人皆知的事实。这些史实与鲜卑、突厥等少数民族的“父卒，妻其群母；兄亡，妻其诸嫂”的习俗完全吻合，故后人朱熹在《朱子语类》说：“唐源流于夷狄，故闺门失礼之事，不以为异。”

一说为汉族论。在封建社会，皇帝及贵族自古就严格遵循祭祀原则，即《礼记·祭法》所说的“非此族也，不在祀典”。因此李氏只能是汉人，而非异族。持这种观点的又分为两派：一派认为李唐皇室出自陇西名门；另一派认为李唐皇室虽是汉族无疑，但并非出身于名门望族。

陇西李氏祖籍临洮联谊研究会作为研究陇西李氏的权威，通过大量的正史、地方志、族谱、墓志铭和出土文物等资料记载，详细考证了唐皇室家世来源，认为李唐皇室是毋庸置疑的陇西李氏，为黄帝后裔，家族肇兴于秦汉，发展于魏晋，臻盛于唐代。据唐朝《氏族志》载，李氏是西凉武昭王李暠的直系后裔。《册府元龟》、《新唐书》和《旧唐书》等典籍也为唐皇室先世渊源提供了同样的佐证。西凉武昭王李暠是陇西李氏的第一个皇帝，为汉初征西将军李仲翔之十九代孙。

400年，李暠建号“庚子”，在敦煌建立西凉政权，史称西凉武昭王。李暠死后，他的孙子李宝向魏世祖拓跋焘奉表归诚，先后被封为镇西大将军、开府仪同三司、沙州牧、敦煌公等官职，从此确立了李氏在北朝的尊崇地位。

还有人认为，李唐皇室并非出身于名门大族，而是出自赵郡衰微支派。现代史学大师陈寅恪支持这种观点。他在《李唐氏族之推测后记》一文中反复论证，“李唐先世本为汉族，或为赵郡李氏徙居柏仁（今河北隆尧西南尧山镇）之‘破落户’或为邻邑广阿（今河北隆尧东）庶姓李氏之‘假冒牌’。”因为李氏家族并不是什么名门大族，所以家风渐染胡俗。据《唐光业寺碑》载："维王桑梓，本际城池。"《魏书·陆上地形志》也记载了南赵郡广阿县有李氏父子葬地，也就是尧台。这就证明了李氏祖先曾葬于河北巨鹿县，与山东大姓赵郡李氏之常山郡相邻。同时，这也是李渊的祖父李虎在西魏时被封为赵郡王的原因。《元和郡县图志》的作者为赵郡李氏李吉甫，他详细地记载了其宗族旧宅茔冢。据其记载，赵郡李氏的旧宅是后魏以来山东的旧族，也称"三巷李家"。赵郡李氏的显盛支派所遗留的故迹都在旧常山郡的范围，其衰微支派虽屡经迁移也未能远离巨鹿郡。

事实上，李氏一族至西魏时才真正显达起来，李虎入关后改赵郡之姓为陇西，后又伪称是西凉武昭王的嫡裔。已故的唐史学者胡如雷先生在《李世民传》一书中，提出李唐氏族若仅就其男系论，是纯粹的汉人。他又提出民族是一个历史社会范畴，而不是一个种族生理范畴。李世民的祖父李炳娶鲜卑贵族独孤氏为妻，李渊娶鲜卑贵族窦氏为妻，李世民娶鲜卑贵族长孙氏为妻。因此，李氏家族不可避免地保留着某些胡族的风俗，但这并不能说明他们不是汉人。更何况李氏自身也认为自己是汉族。至于李氏家族中有些人"状貌类胡"也不能说明李氏不是汉族。众所周知，子女的体貌特征可以继承于父母双方，也有可能是隔代遗传。李氏一族一直与外族通婚，"状貌类胡"很可能是由于母系方面的影响。再者，唐朝时鲜卑贵族窦氏、长孙氏等家族早已汉化，当时并不认为他们是少数民族。乱伦之事也只是唐朝皇族中的少数个案，并不能说明什么实质性问题。

唐太宗李世民真的是晋阳起兵的首谋者吗

隋炀帝荒淫无耻，残忍毒辣，是中国历史上有名的暴君。据《贞观政要》载："隋炀帝志在无厌，唯好奢侈，所司每有供奉营造，小不称意，则有峻罚严刑，上之所好，下必有甚，竟为无限，遂至灭亡。"隋炀帝的暴政使天下大乱，各地义军风起云涌，国家处于风雨飘摇之际。617年，太原留守李渊起兵反隋，从晋阳（今山西太原）发兵攻克长安，翦灭群雄。618年，李渊登上了皇帝宝座，建立了大唐王朝。晋阳起兵作为唐王朝建立的重要契机，成为人们关注的焦点。

关于晋阳起兵的首谋者，历史上有两个答案：一是李世民；一是李渊。自唐初以来就一直争论不休，没有定论。

在有关唐朝的正史中，大多人认为唐太宗李世民是晋阳起兵的首谋者。据《旧唐书·高祖本纪》载："太宗与晋阳令刘文静首谋，劝举义兵。"《新唐书·高祖本纪》也对晋阳起兵做了如下记载："高祖子世民知隋必亡，阴结豪杰，招纳亡命，与晋阳令刘文静谋举大事。计已决，而高祖未之知，欲以情告，惧不见听。"《新唐书·太宗本纪》也对此事提供了相同的佐证："高祖起太原，非其本意，而事出太宗。"《资治通鉴》进一步指出："世民聪明勇决，识量过人，见隋室方乱，阴有安天下之志，倾身下士，散财结客，咸得其欢心。世民娶右骁卫将军长孙晟之女；右勋卫长孙顺德，晟之族弟也，与右勋侍池阳刘弘基，皆避辽东之役，亡命在太原，素与世民有隙，每以自疑；世民加意待之，出入卧内，琮意乃安。"

从这些史料中我们可以看出，李世民有济世安民之志，在晋阳起兵这一事件中居领导者和指挥者的地位。他暗中与身在狱中的晋阳令刘文静密

△ 唐太宗李世民

谋，商议起兵的事宜。刘文静为李世民分析天下大事，二人一拍即合，拉开了晋阳起兵的序幕。此后，李世民为谋取天下，“阴结豪杰，招纳亡命”，处心积虑地结交有才之士，为己所用。《新唐书·太宗本纪》载：“时隋祚已终，太宗潜图义举，每折节下士，推财养客，群盗大侠莫不愿效死力。”李世民为顺利起兵，千方百计地说服李渊。裴寂和李渊关系密切，他就想方设法地结纳裴寂，通过裴寂改变李渊的想法。《资治通鉴》对此事有着详细记载：“渊与裴寂有旧，每相与宴语，或连日夜。文静欲因寂关说，乃引寂与世民交。世民出私钱效百万，使龙山令高斌廉与寂博，稍以输之，寂大喜，由是日从世民游，情款益狎。世民乃以其谋告之，寂许诺。”这说明李世民不惜重金，在刘文静的帮助下把裴寂拉到自己的阵营当中。最后，李世民对李渊晓之以理、动之以情，成功地说服李渊同意反隋。

据《资治通鉴》载，“起兵晋阳也，皆秦王之谋”，“高祖所以有天下，皆太宗之功也”。在这些正史中，李渊胸无大志，遇事缺乏主见，沉溺于酒色，毫无改朝换代的雄心。他之所以成就帝业完全依靠儿子李世民的力量，在晋阳起兵一事上是被迫的。如果没有李世民，晋阳起兵就无从谈起。当李世民把自己的打算告知李渊时，李渊甚至还想要大义灭亲，将李世民送到官府法办。在众人的劝说下，李渊才最后同意了起兵，但是态度非常被动。他对李世民说“今日破家亡躯亦由汝，化家为国亦由汝”，这也就在另一方面认同了李世民在晋阳起兵之事上的首谋者的身份。晋阳起兵是由李世民一手谋划，而李渊不过是在李世民的多方劝说下才勉力而为，李世民是晋阳起兵的首谋者。现代学者也持有这种看法，范文澜在《中国通史简编》中指出："唐高祖爱好酒色，昏庸无能，只是凭借周、隋大贵族的身份，616年得为太原留守。他起兵取关中，建立唐朝，主要依靠唐太宗的谋略和战功，他本人并无创业的才干，连做个守成的中等君主也是不成的。"

一些学者对此提出异议，认为李渊深谋远虑，在晋阳起兵一事上居于首谋者的地位。据《旧唐书》及《通鉴》载，高祖"纵酒纳赂以自晦"，这实际上是一种"自晦"之计，以消除隋炀帝对他的猜忌。《旧唐书·宇文士及传》中也明确指出，早在晋阳起兵前几年，李渊就有夺取天下的野心，与宇文士及在涿郡"尝夜中密论时事"。此时，李世民年仅十三四岁，不可能左右久居高位的李渊。李渊在刚担任太原留守时曾对李世民说："今我来斯，是为天与；与而不取，祸将斯及。然历山飞不破，突厥不和，无以经邦济时也。"这些都足以说明李渊早就有并吞天下的政治野心。

早在晋阳起兵前，李渊就授意李建成和李世民在河东、晋阳等地结纳英雄豪杰。同时，他又绞尽脑汁地打消隋炀帝对自己的猜忌，为起兵争取了足够的时间。在担任太原留守期间，他甚得民心，顺利地获得了当地豪强地主的支持。攻入长安后，他与民"约法三章"，很快就稳定了关中地区。实际上，在隋末起兵的各路豪杰中，李渊是一个"素怀济世之略，有经纶天下之心"的历史人物。

著名学者陈寅恪指出："后世以成败论人，而国史复经胜利者之修改，故不易见当时真相。"并认为"晋阳起兵"是十分机密的行动，其真相本不易知，后经贞观史臣的曲笔后，后人就更难了解事情的真相了。可见，陈寅恪先生对此事持有怀疑态度。学者吕思勉则进一步指出，李世民只是"晋阳起兵"的参加者和决策者，"谓高祖起兵，太宗有大力焉则可，谓其纯出太宗则诬矣，谓其素无叛隋之心固不可也"。事实上，在资历、声望以及政治经验等方面来说，李世民在当时都不及父亲李渊。不可否认，李世民以"聪明勇决、识量过人"的才智，在"晋阳起兵"中有着重要作用，但他的作用要远在其父之下。

李世民文可安邦，武可定国，是历史上杰出的明君。登基后，他十分注重以史为鉴。贞观十四年，他命房玄龄等大臣“欲自看国史”。房玄龄等撰“高祖、太宗两朝实录各二十卷，表上之”。这两朝实录在太宗阅览后，有所删改，“语多微隐”。贞观史臣为了取悦太宗，完全有可能将历史改写。诸如，书中将玄武门之变比作“周公诛管蔡而周室安，季友鸩叔牙而鲁国宁”就有违史实。《新唐书》、《旧唐书》和《资治通鉴》仅以两朝实录为据，不加考证，大肆贬低李渊在晋阳起兵一事中的领导地位。

一些学者指出，李世民此举有着深刻的历史原因。他的皇位不是源于合法的继承，而是经过玄武门之变取得的，不合乎封建法统和封建伦理，理所当然地会受到后世的种种非难。李世民登基后，着手修改国史，为自己的行为寻找正当的理由。大臣们投其所好，抹杀了高祖在晋阳起兵中的重要性，而大肆铺陈太宗的功劳，使李世民成为大唐王朝的实际奠基人，以使其皇位获得有足够的“合法性”。

唐代著名兵书《李卫公问对》是李靖所作还是后人伪作，不得而知，但《李卫公问对》（一作《唐李问对》）是《唐太宗李卫公问对》的简称，全书以唐太宗李世民与李靖一问一答的形式写成而得名，以作战和训练为中心，广泛涉及了诸多军事问题。旧题李靖所撰，但许多人对此提出了质疑。兵书《李卫公问对》的作者究竟是谁呢?

《李卫公问对》是一部记录唐代名将李靖的兵法与军事思想的兵书，分上中下三卷，被后人誉为“兵家之楷模，用兵之典范”，自问世以来就深受人们的重视。北宋时，此书被编入《武经七书》，成为武学科举的必读教材。南宋戴少望在《将鉴论断》中对此书做出高度的评价：“兴废得失，事宜情实，兵家术法，灿然毕举，皆可垂范将来。”

本书在内容上具有以下几个特点：

首先，《李卫公问对》采用传统的一问一答的论兵模式，共有98次问答，体裁结构较为松散，但涉及内容非常广泛，旁征博引，对前人的军事思

△ 李靖画像

想进行了大胆地评价。唐太宗是一位具有文韬武略的马上君主，而李靖又是满腹韬略的军事家，他们之间的谈话，怎能不精彩万分。其次，本书通过具体的战例来阐述抽象的军事理论。书中引用西晋马隆讨伐凉州时的战例，加以深入分析，得出“正兵古人所重”的结论。作者有时先阐述理论，再通过具体的战例加以阐明，如分合作战原则部分。此书开史论与军事理论相结合的先河，对后世兵书的写作形式具有深远的影响。

再次，此书着重探讨了部队的军事教育与管理。本书不仅指出将帅要深晓兵法，“教得其道，则士为乐用；教不得法，虽朝督暮责，无益于事矣”；士兵训练要循序渐进，还要根据部队的不同特点加以区别对待。

本书不但继承并发扬了春秋战国以来的军事思想，还提出了一些全新的军事理论。此书对《孙子兵法》中的奇正、攻守、虚实、主客的战略战术思想进行详细的阐述，强调争取作战主动权，并对阵法布列、古代军制、兵学源流等一系列问题提出自己的意见。

但可惜的是，李靖如斯精妙的兵法并没有以原著的形式流传下来。据《宋史·艺文志》载，李靖著有《阴符机》、《韬铃秘术》、《韬铃总要》、《卫国公手记》、《六军镜》、《兵铃新书》、《弓诀》等7部兵法。但这些兵书早在宋神宗时期就不完整了，时至今天绝大部分已经亡逸。绝大多数学者认为《李卫公问对》是后人的伪作，并非李靖的原著。

自《唐李问对》一书问世以来，历代学者就普遍认为此书是北宋仁宗（1023~1063）时人阮逸所作。早在1080年修定《武经七书》时，学者何去非就对此书的作者提出了怀疑，认为此书是北宋仁宗年间的阮逸伪托。陈师道的《后山谈丛》、何蘧的《春渚纪闻》、邵博的《邵氏闻见后录》和陈振孙的《直斋书录解题》都认为此书是阮逸的依托之作。因为《旧唐书.经籍志》和《新唐书·艺文志》都没有提到《唐李问对》，《太平御览》、《武经总要》等书，也没有引用此书，后世许多学者都接受了这一观点，认为此书是赝作，成书于北宋中叶。很多近代学者也持有这种看法，认为此书是阮逸摹仿杜佑《通典》中所载的李靖兵法而作，《伪书通考》和《古今伪书考补正》等书也对这种看法提出佐证。

还有一些学者认为此书是清代学者汪宗圻根据杜佑的《通典》、杜牧《注孙子》及宋代的《太平御览》和《武经总要》等书辑成。而《文献通考》的作者马端临认为此书并非出自阮逸的假托，而是由宋神宗熙宁年间王震等人所校正的熙宁年间所辑录的《卫公兵法》。他指出："神宗诏王震等校正之说既明见于国史，则非阮逸之假托也。"根据《四朝国史·兵志》记载了神宗熙宁年间枢密院的诏令内容，马端临指出王震等人所校正及阐明的就是李靖的军事著作。

又有一些学者对上述观点提出批驳，认为《李卫公问对》并非伪书。分析宋代学者何去非等人的著作，并没有足够的论据说明此书是伪作；再者，《李卫公问对》入选《武经七书》这件事本身就说明它绝非宋人阮逸的伪作。首先，宋神宗是一位"留心武备"的皇帝。《武经七书》作为考选、训练及指导当时军官的必读经典，朝廷上下无不严肃对待，不可能把当朝人伪托之作列为武经。其次，阮逸在当时籍籍无名，《宋史》中也没有其传，我们只知道他是宋仁宗天圣时期（1023~1031）进士，曾任屯田员外郎。再者，《武经七书》由国子监的饱学之士担任校正任务。如果此书是伪作，则绝不可能逃过这些鸿儒的法眼。

这些观点虽言之有理，但并非阮逸伪托并不代表此书就不是伪书。现代多数学者认为此书是熟悉唐太宗、李靖的人根据他们的言论所作。主要原因是书中的疑点很多，主要有以下几点。

其一，书中通篇都称呼李世民为“太宗”，但实际上李靖死于李世民之前，不可能用李世民死后的庙号来称呼李世民。

其二，出现了许多在李世民、李靖死后才出现的地名、人名等。如此书多处提到唐太宗称“李世勣”为“李勣”，实际上李世勣是在唐太宗逝世后才改名。叙事严谨的史籍，都记唐太宗称其为“李世勣”，而《李卫公问对》的作者显然忽略了这一点。可见，此书的成书年代并非贞观年间。

其三，有多处内容与史实不符。此书将李建成的部队称为“右军”，将李世民的部队称为“左军”，但据《大唐创业起居注》、《新唐书》、《旧唐书》、《资治通鉴》等书记载，当时李建成所亲自统率的是左军，而李世民部是右军。李世民不可能记错自己担任的重要职务。如此张冠李戴，显然背后大有文章。除此之外，此书对霍邑之战、安北都护府的设置、唐代军事术语的描述等方面都有很多破绽，且与《通典》中引用的有关李靖的兵法多有矛盾。

值得注意的是，无论这本书是否是伪作，基本反映了唐太宗和李靖的军事思想，是一部颇有价值的兵书，对研究唐代军事思想，特别是李靖军事思想具有重要的意见。

中国唐代存在过“非洲黑奴”吗

唐朝是一个繁荣的王朝，也是一个开放的王朝，在当时的首都长安，云集了世界各地各种肤色的人。唐代裴氏小娘子墓中出土了一个黑人陶俑，他的正式名称为“昆仑奴”。为何以昆仑命名？他到底来自何方？是怎样来到中国的呢？在中国的命运又如何呢？这众多的问号始终纠缠着人们。

一种说法认为，“昆仑奴”是和“昆仑国”联系在一起的。昆仑奴来自于昆仑国，而昆仑国又在何处呢？又是众说纷纭。一个法国的汉学家对中国古代文献中的“昆仑国”进行了统计，所指的地方不止一处，计有：广西附近的昆仑关；恒河以东及马来群岛；茶陵东南的占笔罗或占不牢岛；缅甸、马来半岛、苏门答腊、爪哇等地的昆仑国；南绍附近的昆仑国；非洲东岸以及马达加斯加岛等地。那么，“昆仑奴”的故乡“昆仑国”到底指哪里呢？根据众多学者的研究成果和现代地理图志的验证，“昆仑”地方既不是指中国古代西域昆仑山下的“昆仑国”，也不是指今广西、福建等地的昆仑山，而是外国语的译名或译音，它是指南海诸地的“昆仑”，或指非洲东岸的马达加斯加岛，是若干地名的代称。究竟是哪些地名的代称，目前还没有形成一致的看法。

一种说法认为，“昆仑”一词是用来形容黑色或近黑的东西，所以黑人也被称为“昆仑”。在隋代就有一种黑紫色的酒叫做“昆仑觚”；茄子近黑色，便有了一个外号“昆仑紫瓜”；当然也有用来形容人的皮肤呈黑色的，如魏晋南北朝时期晋代孝武李太后皮肤有点黑，当时的人就称她为“昆仑”。

无论“昆仑奴”来自何方，他们因何得名，但有一点是毋庸置疑的——

那就是唐代确实有非洲黑人生活在中国。除上面介绍的出土黑人陶俑外，唐代诗歌、典籍里也有对黑人的描述，如杜甫有诗说：“家家养乌鬼，顿顿食黄鱼。”这里的乌鬼就是指黑人。张祜有一首《昆仑儿》的诗描写得更为详细：“昆仑家住海洲中，蛮客将来汉地游。言语解教秦吉了，波涛初过郁林洲。金环欲落曾穿耳，螺髻长卷不裹头。自爱肌肤黑如漆，行时半脱不绵裘。”这些非洲黑人是怎样来到中国的呢？学者们经过多方查证研究得出初步结论：非洲黑人是经阿拉伯人中转到中国来的。具体的输入路线则看法不一：一种说法是，阿拉伯人到非洲去抢掠黑人，然后经阿拉伯人的家乡，从陆路丝绸之路转运到中国；另一种说法是，阿拉伯人把黑人骗到西亚，再从海上卖到南海诸国，然后由南海诸国转送唐朝。唐朝时阿拉伯人在中西交流中占据很重要的地位，据史料记载，仅在651～798年这100多年间，唐朝与大食（唐朝对阿拉伯国的称呼）通使就达36次之多，大批的大食商人来到中国，带来了西亚一带的物品和文化，又把唐代先进的文化大量输入到中亚、西亚，“昆仑奴”也是由精明的阿拉伯人带到了中国。

“昆仑奴”在中国的境遇如何呢？既然也被称为“奴”，肯定是奴隶的身份，这从杜甫的诗中就能看到。《太平御览》中还记载了一个“昆仑奴”凭自己的勇敢和智慧帮主人秀才与心爱的女子相会，终于促成了一桩美满姻缘的故事。从这则故事中，我们可以看到唐代时虽然昆仑奴的身份是奴隶，但并没有受到太大的歧视，更没有像在西方殖民者手中那样，受到惨无人道的待遇。

“诗仙”李白是落水而亡吗

△ 李白画像

李白，字太白，号青莲居士。祖籍陇西成纪（今甘肃天水附近），先世于隋末流徙西域，李白生于中亚碎叶（今巴尔喀什湖南面的楚河流域，唐时属安西都护府管辖）。幼时随父迁居绵州昌隆（今四川江油）青莲乡。

他的一生，绝大部分在漫游中度过。742年，因道士吴筠的推荐，被召至长安，供奉翰林。文章风采，名动一时，颇为玄宗所赏识。后因不能见容于权贵，在京仅3年，就弃官而去，仍然继续他那飘荡四方的流浪生活。安史之乱发生的第二年，他感愤时艰，曾参加了永王李璘的幕府。不幸的是，永王与肃宗发生了争夺帝位的斗争，兵败之后，李白受到牵累，流放夜郎（今贵州境内），途中遇赦。晚年漂泊东南一带，依附当涂县令李阳冰，不久即去世。

李白的诗歌以抒情为主。屈原而后，他是第一个真正能够广泛地从当时的民间文艺和秦、汉、魏以来的乐府民歌汲取其丰富营养，集中提高而形成他的独特风貌。他具有超常的艺术天才和磅礴雄伟的艺术力量。一切可惊可喜、令人兴奋、发人深思的现象，无不尽归笔底。杜甫有“笔落惊风雨，诗成泣鬼神”之评，李白是继屈原之后我国最为杰出的浪漫主义诗人，有“诗仙”之称。与杜甫齐名，世称“李杜”，韩愈也说：“李杜文章在，光焰万丈长。”然而，这样一位才华横溢的著名诗人在死因上却存在着争议。

一种观点认为，李白是病死的。李白族叔、当涂县令李阳冰在他的文集《草堂集序》中写道：“阳冰试弦歌于当涂，心非所好。公暇不弃我，乘扁舟而相顾，临当挂冠，公又疾亟，草稿万卷，手集未修，枕上授简，俾予为序。”唐代李华《故翰林学士李君墓志序》云：“姑熟东南，青山北址，有唐高士李白之墓……（李白）年六十二，不偶，赋临终歌而卒。”李白死后29年，刘全白在791年作《唐故翰林学士李君碣记》也说：“君名白，天宝初诏令归山，偶游至此，以疾终，因葬于此。全白幼则以诗为君所知，及此投吊，荒墓将毁，追想音容，悲不能止。”李白死后100多年，著名的学者皮日休在《七爱诗》中也曾说过“竟遭腐胁疾，醉魄归八极”。古代文献所谓“疾亟”、“赋临终歌而卒”、“以疾终”，都明白无误地告诉人们，李白是病卒的。

现世学者郭沫若从文献记载的“腐胁疾”得到启发，从医学角度进行研究推测，认为李白61岁曾游金陵，往来于宣城、历阳二郡间。李光弼东镇临淮，李白决计从军，可惜行至金陵发病，半途而归。此为“腐胁疾”之初期，当是脓胸症。一年后，李白在当涂养病，脓胸症慢性化，向胸壁穿孔，由“腐胁疾”致命，最终死于当涂。但是，这也仅仅是一种推测而已。

但是，另一种观点认为，李白不是病死，而是醉酒后溺死。李阳冰《草堂集序》说“疾亟”，刘全白《李君碣记》说“疾终”，范传正《李公新墓碑序》说“卒于此”，都不说得的什么病；到了皮日休《七爱诗》中才突然冒出个“腐胁疾”，李白自己也从未提起，为他撰集序与撰墓碑者也从未言及，皮日休生活的年代离李白死去已有100多年，他从何得知李白是死于“腐胁疾”呢？郭沫若据此推断李白的死因是不妥当的。

李白一生嗜酒成性是出名的，因有“醉仙”之称。玩读李白诗作，就能闻到一股浓浓的酒味。诗人的《将进酒》有“烹羊宰牛且为乐，会须一饮三百杯”。《叙赠江阳宰陆调》有“大笑同一醉，取乐平生年”。《赠刘都史》有“高谈满四座，一日倾千觞”。《训岑勋见寻就元丹邱对酒相待以诗见招》有“开颜酌美酒，乐极忽成醉”。《月下烛酌四》之三有“醉后失天地，兀然就孤枕，不知有吾身，此乐最为甚”。李白的死会不会与他喝酒有关呢?

五代时期王定保在《唐摭言》中记载：“（李白）着宫锦袍游采石江中，傲然自得，旁若无人，因醉入水捉月而死。”这种说法认为李白是醉酒溺死的，此说正史虽然没有记载，但屡见于文人歌咏。

北宋初期梅尧臣《采石月下赠功甫》一诗说得最为明白：“醉中爱月江底悬，以手弄月身翻然。”醉中在船上爱江中皎洁月影，以手于江水中戏弄月影而翻身落水溺死。这不是比兴，而是实写。那么，宋代大文豪苏东坡持何看法呢？宋朝陈善《扪虱新话》记道：“坡（苏东坡）又尝赠潘谷诗云：‘一朝入海寻李白，空看人间画墨仙。’”可见，他也认为李白是醉入水中溺死的。元朝学者辛文房在《唐才子传》中说：“（李）白晚节好黄老，度牛渚矶，乘酒捉月，沉水中，初悦谢家青山，今墓在焉。”元代祝成辑《莲堂诗话》也说：“宋胡璞，闽中剑南人，曾经采石渡题诗吊李白：‘抗议金銮反见仇，一坏蝉蜕此江头，当时醉寻波问月，今作寒光万里流。’苏轼见之，疑唐人所作，叹赏不置。”

南宋祝穆《方舆胜览》卷五《太平州·祠墓》在研究了李白病死与溺死的两种说法后提出疑问：“而捉月之说，岂古不吊溺，故史氏为白讳耶？抑小说多妄而诗老好奇，姑以发新意耶？”那么，李白可不可能像这些人记载的那样是溺死呢？假若是溺死，为何时人并不加以记载?

近代学者郭启宏力主李白是溺死的，他在《李白之死的考证》一文中写道：“溺死在封建时代被认为‘横死’非‘善终”依古礼属不祥，亲友不能吊唁，还有碍子孙前程，为了掩饰真相，往往当做病故。于是，既顾及忌讳又不甘造假的亲友提笔行文之际未免踌躇，不得已而闪烁其词。”刘全白于李白死后20多年撰写《碣记》，当时，李白的儿子伯禽仍然在当涂，于是刘全白恐有碍伯禽及子孙前程，为他避讳而写作“疾终”。其他的人也因为这个原因而闪烁其词。

学者安旗的观点与之相同，他在《李白纵横探》“李白之死”一节中写道：“稗官野史就完全不足凭信吗？从李白当时近乎疯狂的精神状态来看，这种情况（指溺死）是可能的。”在他的著作中，他还描绘了李白临终的情景：“夜，已深了；人，已醉了；歌，已终了；泪，已尽了；李白的生命也到了最后一刻了。此时，夜月中天，水波不兴，月亮映在江中，好像一轮白玉盘，一阵微风过处，又散作万点银光。多么美丽！多么光明！多么诱人！……醉倚在船舷上的李白，伸出了他的双手，向着一片银色的光辉扑去……船夫恍惚看见，刚才还邀他喝过三杯的李先生，跨在一条鲸鱼背上随波逐流去了，去远了，永远地去了。”

正像安旗描写的那样，在传说中，李白不仅是溺死的，而且在死后，他“骑鲸升天”了，骑鲸之说，最早见于晚唐诗人贯休的《观李翰林真》：“宜哉杜工部，不错道骑鲸。”到了北宋，文人歌咏便将骑鲸与捉月连起来。如梅尧臣在《采石月下赠功甫》中还写道：“不应暴落饥蛟涎，便当骑鲸上青天。”郭祥正《采石渡》中写道：“骑鲸捉月去不返，空余绿草翰林墓。”金代李俊民《李太白图》：“谪在人间凡几年，诗中豪杰酒中仙。不因采石江头月，哪得骑鲸去上天。”当然，这只是文人墨客的美好想象，我们不必信以为真。

对于李白有可能溺死，杜甫在冥冥之中仿佛有预感。他在“三夜频梦”李白之际，作《梦李白二首》，反复提出自己的担心：“江湖多风波，舟楫恐失坠。”“水深波浪阔，无使蛟龙得”，杜甫深知李白嗜酒，也知李白晚年正“病起暮江滨”。但醉与病都不使他担心，唯担心有舟楫失坠的可能。这种担心不能说事出无因，起码可以说是杜甫在往年与李白交往的实践中得出的体验。李白之死难道真的被杜甫的担心所言中了吗？

对于李白是否病死或溺水我们无法确证，他的死因只能成为千古疑案了。

唐末农民起义领袖黄巢失败后被杀了吗

黄巢是唐末农民起义的首领之一、曾率起义军转战南北，攻克唐都长安（今陕西西安），建立大齐政权，坚持斗争达10年之久。884年，起义军最终归于失败，黄巢本人的生死结局也随之成谜。历代探究者不乏其人，但至今难以定论，归纳起来，主要有三说。

一说黄巢兵败被杀。《旧唐书·黄巢传》曰：“黄巢入泰山，徐帅时溥遣将张友与尚让之众掩捕之。至狼虎谷，巢将林言斩巢及二弟邺、揆等七人首，并妻子皆送徐州。”此说认为，黄巢兵败退至山东泰山狼虎谷，被外甥林言所杀。

一说黄巢计蹙自杀未果，最后请林言帮助结束生命。《新唐书·黄巢传》记载这一史实说：“时溥遣将陈景瑜与尚让追战狼虎谷，巢计蹙，谓林言曰：‘我欲讨国奸臣，洗涤朝廷，事成不退，亦误矣。若取我首献天子，可得富贵，毋为他人利。’言，巢出也，不忍。巢乃自刎，不殊，言因斩之，及兄存，弟邺，揆、钦、秉、万通、思厚，并杀其妻子，悉函首，将诣溥。而太原博野军杀言，与巢首俱上溥，献于行在，诏以首献于庙。”这种说法比较详细地描写了黄巢兵败被杀的过程，认为林言不忍下手，黄巢最后自刎未遂，才由林言受托毙其命。

一说黄巢兵败后遁逸为僧。这种说法主要以野史、笔记小说为依据，认为起义军战败后，黄巢没有死，而是虎口脱险，做了和尚，并得以善终。其理由是：

一、官修或钦定的史书绝不敢直书黄巢遁逸得脱之类的事，《两唐书》、《资治通鉴》等史书的记载值得怀疑，借助于野史、笔记小说的零碎记载，从中可以寻找更符合事实的答案。

二、宋朝邵博在《河南邵氏闻见后录》卷十七中，早已指出：“唐中和四年六月，时普溥以黄巢首上行在者，伪也。东西二都旧老相传，黄巢实不死，其为尚让所急，陷太（泰）山狼虎谷，乃自髡为僧得脱，往投河南尹张全义。”从实情看，若说林言杀黄巢于狼虎谷，献首于徐州，两地相距约五六百华里，快马也要3天路程，而徐州至成都行在所，相距三四千里，马不停蹄，日夜兼程，也需20天。当时又值盛暑，“函首”恐怕早已腐臭不堪了，更何况黄巢兄弟六七人，难言其中就没有与黄巢状貌类似者。

三、宋朝人王明清《挥麈后录》转引陶穀《五代乱离纪》说，黄巢遁逸后祝发为僧，有诗云：“三十年前草上飞，铁衣著尽著僧衣。天津桥上无人问，独倚危栏看落晖。”邵博也说，他曾多次到相传黄巢舍居过的洛阳南禅寺游览，见壁上画有黄巢服僧衣之像，“其状不逾中人，唯正蛇眼为异耳”。据时人说，寺中更有故写真绢本尤奇，黄巢题诗其上云，“犹忆当年草上飞，铁衣脱尽挂禅衣。天津桥上无人识，独凭栏杆看落晖”。尽管另一位宋人赵与时在《宾退录》中指出，流传的所谓黄巢诗作，是取唐诗人元稹的两首《智度师》诗拼合而成，但他对黄巢有可能遁逸并未加以否定。

四、宋人多种笔记认为，黄巢兵败后遁入空门，做了和尚，又依河南尹张全义，舍于洛阳南禅寺，最终迁居明州（今浙江宁波）的雪窦山，法号“雪窦禅师”。张端义的《贵耳集》还说，黄巢“临入寂时，指脚下，有‘黄巢’两字”。南宋时，雪窦山上尚有黄巢的墓，每年邑官遣人祀之。

黄巢兵败遁逸后的事迹，被描绘得如此细微生动，因此黄巢未被杀害的可能性也就存在。然而，若想确定黄巢的结局，尚有待新史料的发现和研究的深入。

唐朝灭亡的真凶是缘于恶劣的气候吗?

有人认为，唐朝灭亡是由于当时大自然的气候所致，因为当时长期的恶劣气候导致大唐农业连年干旱歉收，朝廷多年严重缺粮，岂能不亡?

这么说有何依据呢？据有关报道：德国一个科研小组对雷州半岛湖光岩

湖取得的钻孔岩心进行了高分辨率古气候研究。科学家们认为，通过钻孔获取的岩心样品的磁属性和钛物质可以揭示东亚古代冬季季风强度。他们发现，在过去1.5万年里，有3个时期的冬季季风很强，而夏季季风很弱。后一个时期大约在700～900年间，而唐朝从618～907年延续近300年，正处于这一时期。科学家们认为，造成盛唐衰败的重要原因是长期干旱和夏日极其少雨，降雨量减少造成荒灾，谷物歉收无粮糊口，激起农民起义，并最终导致唐朝在907年灭亡。

△ 黄巢雕像

《自然科学周刊》也说，科学家还意外发现，唐朝灭亡前后，中美洲在810年和860年也发生严重的旱灾，造成玛雅文明从地球上消失。东西两大盛世文明在同一个时期，都因为地球气候异常就此从历史上消失了。

在中国历史上，国力最强盛、文化最发达的莫过于唐朝了。前后近300年时间，中国的政治、经济、文化乃至法律等方面达到最辉煌的时期。导致唐朝灭亡的直接原因是黄巢起义，黄巢起义爆发的直接原因正如上文所说：唐末连年干旱，自然灾害日益严重。许多地方人们只能用草子树叶充饥，造成无数百姓饿死。各地农民被迫揭竿而起，其中最著名的是黄巢领导的唐末农民大起义。“待到秋来九月八，我花开败百花杀。通天香气透长安，满城尽带黄金甲”。黄巢吟诵着自己写的这首气势磅礴的诗，率领大军一路打进长安。唐王朝见义军到来，一片混乱，宰相卢携畏罪自杀，官员们纷纷逃匿，唐僖宗吓得丧魂落魄，在宦官田令孜的护卫下，仓皇南逃。唐王朝从此一蹶不振，终于一步步走向了灭亡。

“陈桥兵变”是有预谋的吗

史书记载，960年正月初一、五代时期的后周君臣正在宫中庆贺新年，忽然接到镇、定二州的急报：北汉勾结契丹入寇。宰相范质，王溥等立即遣检校太尉、殿前都点检赵匡胤率兵前去抵御。初三、军队驻扎于开封东北的第一个驿站陈桥驿，赵匡胤酒醉而卧，而有拥立之意的将士们却环立待旦。次日黎明，四周叫啸呐喊，声震原野。赵普、赵光义排闼入告，此时将士们直叩寝帐之门，高呼：“诸军无主，愿策太尉为天子。”赵匡胤惊起披衣，未及应酬，便被扶到议事厅。有人把黄袍披在他的身上，众人都罗拜庭下，口称万岁，又相与扶赵匡胤上马，拥迫南行，返回开封，取代后周政权，建立了北宋。这就是历史上著名的“陈桥兵变、黄袍加身”的故事。

长期以来，陈桥兵变一直被看做“千古疑案”，其中疑点甚多。

一、据《涑水纪闻》记载：“及将北征，京师喧言，出师之日，将策点检为天子。故富室或挈家远避于外州，独宫中未之知也。”由此可知，当时军队未到陈桥已有兵变之说，未见黄袍，已有天子之说，陈桥兵变不会是一次偶发事件，而是有预谋的。正如古诗所言：“黄袍不是寻常物，谁信军中偶得之。”

二、宋人笔记记载说，赵匡胤早年曾到高辛庙为自己的功名前程占卜，“自小校以上至节度使，一一掷之，皆不应。忽曰：‘过此则为天子乎！’一掷而得。”且不论此事的真伪如何，这一则在宋代广为流传的轶闻，正反映了赵匡胤的夙愿。而在陈桥驿，将士们已环立呼喊，赵普与赵光义也已入内报告，而赵匡胤何以会“醉卧不省”，丝毫未念及早年的愿望，这一情形未免过于做作。

三、《宋史杜太后传》曰，杜后得知其子黄袍加身后，说："吾儿素有大志，今果然。"因而不惊不慌，谈笑自若，还说："吾儿生平奇异，人皆言当极贵，又何忧也。"（司马光《涑水纪闻》卷一）据此，这加身的黄袍似并不是从天而降之物，有人以诗刺讥道："阿母素知儿有志，外人反道帝无心。"

四、当时本因国境告急才令赵匡胤领兵出战，为什么黄袍加身后，不费一枪一刀，战事立定？即所谓"千秋疑案陈桥驿，一着黄袍便罢兵"。可以认定，镇、定二州的军情是配合赵匡胤兵变自立而谎报的。

当然，认为疑案不疑的也大有人在。如有的学者认为，镇、定二州军情并非谎报，《宋史》、《续资治通鉴长编》、《契丹国志》等史书都载有此事。况且，如是谎报军情配合兵变，那镇、定二州节度使理应是赵匡胤集团中的人，而二州节度使郭崇和孙行友，或是"追感周主恩遇，时复泣下"，被视为"有异心需谨备"的人，或是在宋初乞解官归山，又欲拥兵自固的人，都不可能属于赵氏集团，怎会为军变制造假情报？清代赵翼认为：五代诸帝，多由军士拥立，相沿以为故事。赵匡胤以前，已有周太祖郭威、唐废帝李从珂、唐明宗李嗣源由军士拥立，这是唐代藩镇割据后军士擅废立之权而留下的遗风，是王政不纲，下凌上替，祸乱相寻的反映。从这段话中，或可一窥陈桥兵变的真谛。

总之，陈桥兵变确实有着众多令人起疑的地方，但是目前尚不能据此断言其真相究竟如何。但是，不管陈桥兵变中，赵匡胤个人有什么阴谋和布置，他在即位后能统一中国，结束五代以来帝位由士兵拥立、朝代屡易、政局不安定的局面所起的作用，是应该加以肯定的。

历史上确有"杯酒释兵权"之事吗

宋太祖"杯酒释兵权"一事，历来为历史学家深信不疑，而且广泛流传。但近年来有的史学工作者又提出了新的意见，认为此事疑点甚多，实属子虚乌有。

历史学家认为"杯酒释兵权"确有其事的主要依据是北宋中期以来一些史料的记载。现存"杯酒释兵权"的最早记载，是北宋丁谓的《丁晋公谈录》（以下简称《谈录》）和《王文正公笔录》（以下简称《笔录》）。

王曾的《谈录》记述了赵匡胤与赵普关于此事的一段对话。赵普对赵匡胤说，禁军统帅石守信、王审琦兵权太重，不能让他当主帅，赵匡胤听后不以为然，认为石、王这两位老将是自己多年的老朋友，绝不会反对自己。赵普则进一步做工作，说石守信、王审琦这两位老将缺乏统帅才能，日后肯定制伏不了部下，后果将不堪设想。赵普终于说服了宋太祖，罢了两人的兵权。

《笔录》中说相国赵普几次劝说，宋太祖不得已，召来石守信等参加宴会，回顾过去的快乐之事，最后让他们自己选择好地方去养老，不要再管国事。事隔半个世纪的司马光，在《涑水纪闻》中，对此事的记载更为详细，称宴会后的第二天，赵匡胤的部将个个心领神会，都称病，请求解除军权。皇上答应了。另一些人持否定的说法，他们认为，上述三种记载矛盾百出，不足以信。

第一，《谈录》只讲罢石守信、王审琦二人的兵权，并无设宴请客这一情节。而《笔录》记载罢去兵权的宿将，除了石守信、王审琦外，还有其他几位将领，并增添了太祖设宴与老将回忆往事的情节。后世所说的"杯酒释兵权”一说，来源就出于此。《纪闻》则称石守信、王审琦等皆被罢军权，而又大事铺张设宴怀旧的情节，绘声绘色，恍如身临其境。

△ 宋太祖赵匡胤

距当事人的时代越远，记载却越详，可见有许多人为的因素。

第二，三种说法都与赵普有关，但说法却不一致。据《谈录》，罢石守信、王审琦主兵似是太祖听了赵普一次谈话之后就决定的。据《笔录》，则是太祖在赵普多次苦谏之下才不得已而罢去他们的兵权。据《纪闻》，却是太祖、赵晋两人共同谋划的结果。

第三，上述三种史料，对石、王被削去兵权后的出路，说法也各不尽相同，有的只说不掌兵权；有的说他们各自找到养老之地；有的则说他们丢了官。

第四，关于“释兵权”的内容也说法不一，有的说是指罢石守信等四人典禁军，有的则认为主要是为了削弱藩镇势力。

而且，“杯酒释兵权”这样一件大事，在北宋官方修编的书籍中，不见一个字。元末编成的《宋史》，对此事也不着点墨。

肯定“杯酒释兵权”的人认为史籍对此事不作记载，可能是一种疏忽或另有原因，并不能说明历史上没有发生这件事。否定这一说法的人认为，建隆二年6月甲午（初二）太祖母杜太后病逝，六月初到七月初，按照当时的惯例，应是国丧期间，朝廷上下不准作乐，更不准宴饮。赵匡胤不可能违反这种礼仪，在此期间设宴待客。由此看来，“杯酒释兵权”是否确有其事，目前还不能下结论，还有待于新资料的发现。

“烛影斧声”到底是怎么回事

976年11月14日晚上，宋朝的开国皇帝宋太祖赵匡胤突然去世。第二天，他的弟弟赵光义继承了皇位，即历史上的宋太宗。对于宋太祖的死，《宋史·太祖本纪》上只有一段简略的记载：“癸丑夕，帝崩于万岁殿，年五十，殡于殿西阶。”但宋代的笔记野史上却有一些颇为离奇的记载。文莹《续湘山野录》记载，二十日那天，“上御太清阁四望气。……俄而阴霾四起，天气陡变，雪雹骤降，移仗下阁。急传宫钥开端门，召开封王，即太宗也。延入大寝，酌酒对饮。宦官、宫妾悉屏之，但遥见烛影下，太宗时或避席，有不可胜之状。饮讫，禁漏三鼓，殿雪已数寸，帝引柱斧戳雪，顾太宗曰：‘好做，好做！’遂解带就寝，鼻息如雷霆。是夕，太宗留宿禁内，将五鼓，伺庐者寂无所闻，帝已崩矣。太宗受遗诏于柩前即位。”可能这段传闻在宋代流行很广，因而李焘《续资治通鉴长编》虽认为这一传闻“未必然”，但也不得不摘录在书中，留待他人详考。由于《续湘山野录》中的这段记载，语气隐隐约约，文辞闪闪烁烁，于是便给后人留下了“烛影斧声”的千古之谜，自宋代以来，不知有多少文人学者探究过这个问题，即宋太祖究竟是怎么死的。

一种意见是，宋太宗“弑兄夺位”。持此说的人以《续湘山野录》所载为依据，认为宋太祖是在烛影斧声中突然死去，而宋太宗当晚又留宿于禁中，次日便在灵柩前即位，实难脱弑兄之嫌。蔡东藩《宋史通俗演义》和李逸侯《宋宫十八朝演义》都沿袭了上述说法，并加以渲染，增添了许多宋太宗“弑兄”的细节。另一种意见认为，宋太祖的死与宋太宗无关，持此说的人引用司马光《涑水纪闻》的记载为宋太宗辩解开脱。据《涑水纪闻》记载，宋太祖驾崩后，已是四鼓时分，孝章宋后派人召太祖的四子秦王赵德芳入宫，但使者却径趋开封府召赵光义。赵光义大惊，犹豫不敢前行，经使者催促，才于雪下步行进宫。据此，太祖死时，太宗并不在寝殿，因而不可能“弑兄”。毕沅《续资治通鉴》即力主这一说法。还有一种意见，虽没有肯定宋太宗就是弑兄的凶手，但认为他无法开脱抢先夺位的嫌疑。在赵光义即位的过程中确实存在一系列的反常现象，据《涑水纪闻》载，宋后召的是秦王赵德芳，而赵光义却抢先进宫，造成既成事实。宋后女流，见无回天之力，只得向他口呼“官家”了。《宋史·太宗本纪》也曾提出一串疑问：太宗即位后，为什么不照嗣统即位次年改元的惯例，急急忙忙将只剩两个月的开宝九年改为太平兴国元年？既然杜太后有“皇位传弟”的遗诏，太宗为何要一再迫害自己的弟弟赵廷美，使他郁郁而终？太宗即位后，太祖的次子武功郡王赵德昭为何自杀？太宗曾加封皇嫂宋后为“开宝皇后”，但她死后，为什么不按皇后的礼仪治丧？上述迹象表明，宋太宗即位是非正常继统，后人怎么会不提出疑义呢？

近世学术界基本肯定宋太祖确实死于非命，但有关具体死因，则又有一些新的说法。一是从医学角度出发，认为太祖死于家族遗传的躁狂忧郁症。一说承认太祖与太宗之间有较深的矛盾，但认为“烛影斧声”事件只是一次偶然性的突发事件。其起因是太宗趁太祖熟睡之际，调戏其宠姬花蕊夫人费氏，被太祖发觉而怒斥之。太宗自知无法取得胞兄谅宥，便下了毒手。纵观古今诸说，似乎都论之有据，言之成理，然而有关宋太祖之死，目前仍未找到确凿无疑的材料。

"狸猫换太子"确有其事吗

民间传说，北宋仁宗赵祯本是其父真宗赵恒的宫女李氏所生，被皇后用"狸猫换太子"之计，将赵祯换掉。多年以后，幸亏龙图阁大学士包公断案如神，才使皇帝生身之谜真相大白。然而这段离奇的"狸猫换太子"故事虽然凄婉动人，却是文人杜撰出来的。

关于这段宫闱秘史，在旧时的戏曲和小说、话本中有多个版本，但故事的主线基本是一致的。豫剧及闽南语歌仔戏里称作《狸猫换太子》，京剧名为《打龙袍》，话本则名为《宋宫怨》。

创作于20世纪20年代末的系列开篇《狸猫换太子》中的情节是这样的：宋真宗时，后宫李妃生太子，刘妃以狸猫调换，并命宫女寇珠将太子装在化妆盒内抛入御花园池中，寇珠手捧妆盒，心中忐忑不安，忽闻小儿啼哭，终不忍将他残害。清朝石玉昆编著的公案小说《三侠五义》中也记述道：宋真宗赵恒中年无嗣，时刘、李二妃同时怀孕，赵恒传旨，谁先生儿子，便立谁为皇后。刘妃为争当皇后，与内侍郭槐定下毒计，在李妃生子时，用一只剥皮的狸猫将小孩换下来，然后诬陷李妃产下妖孽。真宗遂将李妃贬入冷宫。太监冒死救下太子，后由八贤王抚养成人。京剧《打龙袍》则叙述包拯奉旨陈州放粮，在一处破窑前被一双目失明的老妇拦住告状，历数当年宫闱秘事。包拯细心推求，方知她原来是宋真宗之妃李宸妃，当朝天子宋仁宗之母。包拯把她带回京城，设计以元宵观灯为名请宋仁宗前往午门，用灯戏故事旁敲侧击，然仁宗不明真情。王延龄请来老太监陈琳说破当年"狸猫换太子"、刘妃害李妃的实情。仁宗始醒悟，立即将李妃隆重迎接回宫，尊为太后。李妃眼疾治愈后，对包拯加以升赏，并痛斥赵祯不孝，命包拯将其杖责。包拯因顾忌臣不能打君，乃请仁宗脱下龙袍，以打龙袍替代责罚。

其实，所有这一切都是旧时文人凭借想象创作出来的文学故事，寻根究底，都是从《宋史·李宸妃传》中关于宋仁宗生母李宸妃不敢认子的一段记载演变而来的。宋仁宗的身世确实迷离曲折，他不是刘太后亲生，生母也的确是李宸妃，不过用剥皮狸猫换太子的离奇情节，却是文人为了增强艺术感染力而虚构出来的。而且事情的来龙去脉最后是仁宗自己查明的，与包公也没有任何关系，因为包拯以龙图阁大学士知开封府是在这二十多年之后的事情，刘太后当政的时候，他还没出道呢。

△ 宋仁宗画像

宋真宗一直没有儿子，当时已经准备将侄子濮王赵允让过继入宫，迎立为太子。而李氏怀孕产下了赵祯，令真宗非常高兴，李氏因此被封为“才人”，后来又晋封为“婉仪”、“顺容”。刘皇后自己无子，见李妃生下太子，羡慕不已，她仗着自己皇后的地位，就抢了这个孩子，留在身边当自己亲生儿子抚养，并且严禁宫里任何人泄露赵祯是李妃所生的事实。李妃本是刘皇后的宫女，虽因生子而封为妃嫔，但毕竟不敢跟她相争，只好眼睁睁地看着自己亲生儿子把刘皇后当生母而不得不忍气吞声。

1022年，宋真宗病死，太子赵祯即位，即宋仁宗，当时他才13岁，由刘太后垂帘听政。而他的生母李氏则被打入冷宫，眼看自己的儿子登基当了皇帝，却连跟他单独见面说句话的机会都没有，最后于1031年孤寂而死，刘太后下令以妃嫔之礼为她治丧。

宰相吕夷简听说此事后，请求单独面见太后。他直截了当地对太后说：“臣听说，后宫死了一个妃子。”

刘太后一听，脸上顿时变色，她冷冷地说道：“后宫死了一个妃子，有什么大惊小怪的？这是皇帝家的家事，与宰相何干？”

吕夷简严肃地说：“皇帝的家事，就是国事！我作为宰相不能置身事外。”

刘太后发怒地说：“你是想借此挑拨我们母子离心吗？”

吕夷简回答：“臣不敢。臣只是提醒太后，陛下已经长大了，如果有朝一日他听说了什么事，那后果太后想过没有？”

刘太后一震，心想，现在仁宗并不知道自己的生母是李宸妃，一旦将来自己死去，仁宗得知了实情，痛感自己的生身母亲在生前死后都没有得到应有的待遇，一定会怨恨自己，肯定还会迁怒于刘氏后裔。于是刘太后吩咐以一品礼安葬李宸妃。吕夷简又建议使用水银宝棺，将李宸妃的尸身保留完整，以防有朝一日皇帝开棺验尸，并暗中吩咐内侍，给李宸妃穿上皇后服饰入殓，放进大相国寺的井里。

过了一年，刘太后也去世了。宋仁宗从小由刘太后抚养，同刘太后感情很深，因此刘太后的死让他非常伤心，他终日守在灵前，茶饭不思，大臣们都非常担忧皇帝的龙体安康。

这时，他的叔父燕王赵元俨忍不住发话了：“你这是做什么？又不是死了亲娘！”

宋仁宗闻听此话大惊失色，他抬起头来问：“皇叔说什么？我不是母后亲生的？那我又是谁生的呢？”

赵元俨说：“你是李宸妃所生，刘太后所养。”

仁宗心中起了疑念：会不会是刘太后害死了自己的生母？于是立刻下令调查，同时派军队将刘太后娘家的府第包围起来。显然，如果查明他的生母李氏真是被刘太后所害，他就要拿刘太后家族抵命报仇了。

这时宰相吕夷简站出来说道：“李宸妃的凤棺现在大相国寺井中，请陛下开棺验看！”

棺木很快被吊了上来，打开棺盖，只见李宸妃面目如生，十分安详，没有毒杀、残害或者虐待的迹象，而且身上穿着后服，头上戴着后冠。虽然她生前并没有享得应有的尊荣，身后却是以皇后之礼入殓的。这时，吕夷简又不失时机地说出一番公道话：“太后虽有不义之事，但以皇后礼仪厚葬宸妃，表明她已有自悔之心；刘虽非生母，但对陛下仍有抚育之情，不可或忘。”真相大白，仁宗便撤除了对刘氏家族的包围，并来到刘太后灵前向其请罪。为了弥补他对生母的愧疚之情，他一方面追尊李宸妃为皇太后；另一方面下令擢升李太后的弟弟李用和，并将福康公主下嫁给李用和的儿子李玮。

在小说与戏剧故事中，李宸妃的地位很高，堪足与刘妃争后位，所以才有“狸猫换太子”的事件发生。事实上，刘氏是真宗在太子时就宠爱的美人，后来两个皇后先后死去，便被扶正当了皇后。而李氏当时只是刘后的宫女，即使偶然承恩生下太子，但仍不及杨淑妃和沈贵妃受宠，更不可能与刘后抗衡，“宸妃”的位号还是她病重时，由刘太后特别加封的。

在历史上，刘太后可算是一位贤明的太后。她以太后身份垂帘听政之初，就对执政的重臣们说：“为了先帝的大丧，你们都辛苦了。你们可以把亲属的名单开来，以后有机会，我也好回报。”于是群臣纷纷开了名单交给她。刘太后把这份名单贴在寝宫墙上，在大臣保举任命官员的时候，先对一下名单，看是不是这些大臣的亲属。如果是，她就另外选派这样就避免了朝臣营私结党，培养家族势力。

曾有人上书建议她依照唐朝武后的故事，立刘氏宗庙，并有人献“武后临朝图”，暗示她不妨效法。刘太后看了，生气地把奏书丢在地上，严正地说：“我不会做这样对不起祖宗的事！”在她垂帘期间，百姓安乐，天下太平，而由她一手调教出来的宋仁宗在位四十余年，也是国泰民安，后人对其评价甚高。其实，这里面也不能忘了刘太后的功劳。

秦桧真的是金人故意放回的奸细吗

1126年，金兵攻下北宋都城汴京，并俘虏了徽宗、钦宗二帝。

1127年2月，金人欲立张邦昌为傀儡皇帝。时任御史中丞的秦桧，上书反对张邦昌的伪立。因为反对金人的旨意，秦桧被金人拘留。徽、钦二帝被俘北去，秦桧、孙傅、张叔夜、何栗等人也一同被押至燕山府。但被虏四年之后，秦桧却突然从楚州回到南宋，自称是杀了监视自己的金兵而乘舟逃回。

但是，许多人都对此表示怀疑。因为，秦桧与何栗、张叔夜等人一同被拘押，为什么秦桧能独自逃回？而他们却没能返回？而且从燕山至楚州，渡河越海，难道就没有盘问设禁的人？他怎能杀监使南归？即使他跟随金兵南侵、途中金人放了他，也会把他的妻子家属扣留，又怎能与妻子王氏等一同归来？但宰相范宗尹、同知枢密院事李回等人与秦桧有私交，力荐其忠。加之他在被俘前表现出了一些“气节”，使其贪生怕死的本质没有暴露出来。一见到宋高宗时他又提出“如欲天下无事，南自南，北自北”的卖国求和主张，正中这位只知求和皇帝的下怀，于是秦桧立即被任命为礼部尚书。不久又挤掉曾经推荐过他的宰相范宗尹而爬上了宰相宝座。秦桧专权后，打击迫害主战的一派，不断地卖国求和。这样，他们从金国逃回一事就更加让人们怀疑了。

那么，秦桧是如何从燕山回到南宋的呢？据南宋赵姓之《中兴遗史》、徐梦莘《三朝北盟会编》、李心传《建炎以来系年要录》记载：秦桧与宋徽宗被俘到燕山后，徽宗听说儿子赵构已经登上帝位，就写信给金帅粘罕求和，并让秦桧修改润色。秦桧又以重礼贿赂金人，将书信送给粘罕，得到金人的欢心。后来徽宗、钦宗又被转移到韩州，而秦桧因得金主的赏识，不但

△ 秦桧桅像

没有随徽宗钦宗远徙，反而被赐给金主的弟弟挞懒为任用（任用，即执事），而且很快成为挞懒十分信任的亲信。1130年，挞懒率兵南侵，任命秦桧为任用同行。王氏与秦桧怕不能一同南回，俩人暗商密计，奸狡地表演了一场闹剧。两人故意吵闹，王氏骂道："我家翁父，使我嫁汝时，有赀财二十万贯，欲使我与汝同甘苦，尽此平生。今大金国以汝为任用，而乃弃我于途中耶？"叫骂不断。挞懒住在秦桧的隔壁，挞懒之妻闻声赶来，问明情况后，极力安慰王氏，说此事不用担心，大金国法令允许家属同行。又转告挞懒，挞懒也同意王氏同行，又任命秦桧为参谋军事、随军转运使。金兵攻打楚州时，兵营扎在孙村浦寨中。楚州城沦陷，兵营中的金兵纷纷奔入城内抢劫。秦桧密约艄工，乘混乱之际，以催淮阳军海州钱粮为名，同王氏、家童砚童、兴儿及亲信翁顺、高益恭等人乘船离去。

《宋史·秦桧传》则肯定地说"秦桧在金廷首唱和议，故挞懒纵之使归也"。《林泉野纪》更说秦桧在金时为徽宗上书粘罕求和，粘罕大喜，赐钱万贯，绢万匹。进攻楚州时，"乃使乘船舰全家厚载而还，俾得和议为内助"。因此，不少人怀疑秦桧是金人放回的奸细，目的是为了控制南宋。但是由于没有史料依据，所以至今仍只是一个说法。

"岳母刺字"是真的吗

南宋抗金名将岳飞背上刺有"精忠报国"四字，历史上确有其事，很有可能源自岳母鼓励儿子上战场的意愿，但并非岳母亲手所刺。《宋史·岳飞传》载，当岳飞入狱之初，秦桧等密议让何铸审讯。岳飞义正词严，力陈抗金军功，爱国何罪之有？并当着何铸面"裂裳以背示铸，有'精忠报国'四大字，深入肤里"。浩然正气，令何铸汗颜词穷。北京师范大学历史系教授游彪说，岳飞背上刺有"精忠报国"四个字，历史上确有其事。但是这几个字究竟是因为什么缘故，在什么时间，由什么人刺的，史书上并没有确切的记载。

清人钱汝雯《宋岳鄂王年谱》卷一云："靖康初始见宋高宗，母涅其背'精忠报国'。"是说岳飞背上的四个字系"母刺"所为。据考证钱氏撰此年谱，取材于《唐门岳氏宗谱》，此话成书较晚，材料来源庞杂，不足为凭。游彪教授也认为，岳母刺字是民间流传的一个典故，但还是有一些历史依据的。在宋金交锋的时候，岳飞是在现在山西平定一带当兵。岳飞是一个很忠孝的年轻人，他很担心家里年迈的老母亲，为了安顿好母亲，岳飞就从战场回到了家乡河南的汤阴县。岳飞的母亲姚氏是一个农家妇女，识字的可能性不大，所以不可能亲手在岳飞背上刺上"精忠报国"四个字。但极有可能的是，母亲为了鼓励他放心去战场打仗，请人在岳飞背上刺的。

关于岳飞背部刺字还有一种说法。岳飞久怀报国之志，曾三次从军抗金杀敌。他于1122年19岁时第一次应募入伍，背部刺字大约是此时所为，因为北宋末年"刺字为兵"的制度仍在贯彻执行，所以岳飞在背部刺上"精忠报国"四字明志。

△ “岳母刺字”画

游彪教授对此提出了异议，他认为通过分析宋代的兵制，可以推断岳飞背上的字不是因为他当兵才刺的。

两宋时期，是中国历史上唯一一个国家正规军完全靠募兵的时代。汉唐和元明清都是实行征兵制，所谓征兵就是一种兵役，只要是国家的公民，都要被强行服兵役。两宋的募兵制则是国家从老百姓中招募士兵，国家出钱雇用他们。所以宋代的军队都是国家花钱养的雇佣兵，人员来源比较复杂，游民、饥民和犯过法的人都可以应募入伍，这就加大了管理的难度。

从宋太祖赵匡胤开始，为了加强对军队的管理和控制，“刺字为兵”就成为了一种规范运作的制度，只要是应募入伍的士兵，都要刺字作为标记。赵匡胤认为应该把兵和民分开，兵民分开控制，有利于国家的稳定，有利于皇帝的统治。

另外，岳飞刺字的内容和部位，都不符合宋代士兵刺字的规定。宋代有两种军队需要刺字，一种是禁军，就是国家的作战部队；一种是厢军，相当于现在的工程兵，国家的大型公共工程，比如修桥铺路等，都是由厢军来完成。禁军和厢军都有各自固定的番号，为了便于识别和管理，士兵刺字的内容基本上都是各自所属部队的番号，不会是其他的内容。这样使得士兵不能随心所欲地流动和逃跑。

还有牢城兵，比如说《水浒传》里面的林冲，他犯罪之后被发配到沧州当兵，这种兵是带有徭役性质的，也会刺上诸如牢城第几指挥之类的标记。

古老的中国北方契丹民族是如何消失的

在一千多年前的中国北方，曾有一个剽悍勇猛的民族扶摇而起，又神秘地消失，这就是契丹。契丹的本意是“镔铁”，也就是坚固的意思。契丹民族存在了约1000年，其中200多年的时间曾经挥斥方遒，辉煌一时。由于契丹名声远扬，国外有些民族至今仍然把中国称作“契丹”。

契丹族的历史发展，可分为3个阶段：自公元4世纪中叶至10世纪初为第一阶段，是形成期；从10世纪初12世纪初为第二阶段，是其发展壮大期，即契丹人建立辽国时期；辽国亡后至14世纪中叶为第三阶段，是契丹民族衰落、分解和融入其他民族的时期。

在第一阶段形成时期，即在辽朝成立前的5个半世纪中，契丹人的历史又经历了3个时期：从公元4世纪中叶至7世纪初（即隋末唐初）为古八部时期，公元7世纪初至8世纪上半叶为大贺氏部落联盟时期，由此至907年阿保机代痕德堇为可汗是遥辇时期。契丹古八部在北魏时已经存在，他们的名号为：悉万丹部、何大何部、伏弗郁部、羽陵部、日连部、匹絜部、黎部、吐六于部。八部的来源，相传是因为“契丹之先，日奇首可汗，生八子。其后族属渐盛，分为八部”。这种把八部归之于来源同一父亲的八兄弟后裔，显然是后人根据早期传说综合而成的，不太可信，但它反映了契丹最初的诸部，可能是一些近亲或有血缘联系的集团。

古八部时期契丹人的居住地，南到辽宁省朝阳市，北到西拉木伦河，西达内蒙古自治区赤峰市西南，东至辽河。实际上，契丹人在这一时期的活动范围，某一阶段分布区域有时没有这么大，有时又超出这一范围。具体说，其在被慕容晃破后，“窜于松漠之间”，只在今赤峰市及翁牛特旗一带。388

△ 契丹人壁画

年为北魏破后，约居于今西拉木伦河南，老哈河以东地区；479年（太和三年）因惧高句丽与蠕蠕侵袭，离开奇首可汗故壤，南迁到白狼水（今大凌河）东，在今辽宁省北票县、阜新市和彰武县一带；553年为北齐破后，一部分被掠居营州（治所在今辽宁省朝阳市）、平州（治所在今河北省卢龙县北）境，余部北遁投奔突厥，后为突厥所逼，其中又有“万家”寄住高句丽，约在今辽宁省法库县、康平县境。公元6世纪末（隋开皇年间），此三部分契丹人皆臣附于隋，隋听其返回故地，依托臣水（今老哈河）而居，分布在西起今老哈河流域，东到努鲁儿虎山地区。

契丹人早期有三位精明能干的君主，一名乃呵，他“杀白马灰牛以祭”；二名喎呵，头“戴野猪头，披猪皮”；三名昼里昏呵，“唯养羊二十口”。表明当时他们从事游牧射猎，过着以肉为食、以皮为衣的生活。这种状况，一直延续到大贺氏部落联盟形成时，因为他们在北魏时的贡物是“名马”，嫁娶时穿得最好的衣服是“以青毡为上服”，到了隋代在收葬父母遗骨祝酒时说：“冬月时，向阳食；若我射猎时，使我多得猪鹿”，各部还是“随水草畜牧”。这一时期契丹人的社会组织，是以部落为单位活动，尚未形成统一的部落联盟。八部各自向北魏“朝贡”，与北魏交易互市。

古八部时期契丹人不仅多次为慕容氏攻破，而且又先后受到高句丽、突厥的侵逼，特别是553年被北齐攻破后，部众被掠10万余人，杂畜数10万头，余部东奔西走。但契丹人顽强抗争，不仅使部族存留下来，而且随着隋统一中国，在隋文帝杨坚的支持下，各部得以重返故地。分散的各部从此认识到只有联合为一个统一的力量，才能与别族相抗衡和“寇抄”邻近的财富。契丹人的部落联盟组织，就是在重返故地后形成的。

契丹人的第一个部落联盟，即大贺氏部落联盟形成于隋末唐初。经历约100年时间，仍分八部。八部之外，在幽州、营州界内还散居着一些契丹人。大贺氏时期的契丹地域，“东与高句丽邻，西与奚国接，南至营州，北至室韦”。与前述古八部时期的活动区域大体相同，即东达辽河，西至吐护真水（今老哈河）上游与奚族地相邻，南抵今辽宁省朝阳市北约100里处与营州地连接，北在今西拉木伦河以北地区与室韦为邻。在这个区域内，他们“逐猎往来，居无常处”，仍然过着游牧、狩猎生活。这一时期的社会组织，比古八部时期前进了一步，即在八部之上有部落联盟。联盟的主要任务，是组织各部对外的军事活动，平时的生产和生活，还是由各部和氏族独自处理，所谓“若有征发，诸部皆须议合，不得独举。猎则别部，战则同行”。

公元7世纪上半叶以后的契丹人，既是中国历史上的一个独立的民族，同时又是唐王朝统治下的臣民。大贺氏联盟的“君长”和各部部长，既是契丹人的最高首领和各部酋长，同时也是唐代都督府与州的都督、刺史。咄罗是见于史册的第一位大贺氏“君长”，于623年（唐武德六年）向唐献名马、貂皮，开始了与唐王朝的往来。

714年（唐开元二年），失活率众脱离突厥归附唐朝，唐玄宗李隆基“赐丹书铁券”，两年后，设置松漠都督府，委任失活为都督，又封宗室外甥女杨氏为永乐公主嫁给失活。失活死后，娑固以失活弟弟的身份继承了失活的官爵，但有个叫可突于的“衙官”，骁勇过人，在民众中很有威望，对娑固构成了极大威胁，娑固想除掉他，还没有下手事情已败露，娑固料到自己不是可突于的对手，只好投奔营州。唐朝得知消息后出兵相助，却被可突于打败，娑固于720年被杀，自此，契丹族内部为争夺权位，互相残杀长达10余年。可突于杀掉娑固后，推出娑固从父弟郁于为主，不久，郁于派遣使者入唐谢罪，唐朝于是在722年“以慕容氏为燕郡公主”嫁给他为妻；咄于在兄长郁于病故后代统部众，725年咄于也与可突于发生冲突，因为惧怕对方，咄于就与燕郡公主偷偷逃到唐朝不回来了。可突于只好立李尽忠的弟弟邵固为主；邵固执政后开始奉行亲唐政策，唐对邵固投桃报李，将“封皇从外甥女陈氏为东华公主”嫁给他为妻；730年（唐开元十八年）邵固也被可突于所杀。至此，大贺氏部落联盟时期结束，遥辇氏取而代之。

可突于其实一直是深得契丹人拥护的太上皇，杀了邵固后他又立屈列（即洼可汗）为主，遥辇氏部落联盟由此开始。但遥辇氏的盟主地位是在经过了一场激烈的斗争之后才稳定下来，当时亲唐的大贺氏与亲突厥的遥辇氏两个贵族集团，进行了一场严酷的较量。邵固被杀后，邵固妻东华公主投奔了唐平卢军（治所在营州），可突于率部并“胁奚众”共同向突厥投靠。唐玄宗得知消息后，下令幽州长史赵含章等率领八总管兵去讨伐，可突于一看形势不妙，立刻逃跑了。第二年，可突于在突厥援助下，出兵骚扰唐朝边境，幽州长史薛楚玉，率领万骑去阻击，结果唐损失两员大将，士兵几乎全部被杀。唐玄宗得到通报后十分震怒，派出良将张守珪担任幽州长史，可突于知道张守珪的厉害，惊恐之下马上退却西北。曾经担任松漠都督府“衙官”的李过折，当时与可突于“分掌兵马”，属于大贺氏派系的人物，守珪便暗中派人收买了他，李过折于是乘可突于兵败之际，夜间出击斩杀了可突于、屈列及其党羽数十人，然后归顺了唐朝。

735年（开元二十三年），唐朝加封李过折为北平郡王、松漠府都督，契丹的权位重新落入大贺氏集团手里。可是李过折等人得不到各部支持，同年又被可突于的余党涅里（即辽始祖）所杀，涅里立迪辇组里（汉名李怀秀）为阻午可汗，遥辇氏又重新夺回权位。涅里掌权后很快脱离了突厥控制，于745年（唐天宝四年）转而依附唐王朝，唐朝索性任命李怀秀为松漠都督，封崇顺王，并将宗室出女独孤为静乐公主嫁给他。李怀秀为契丹可汗后，遥辇氏为契丹各部盟主的地位才稳定下来。遥辇时期契丹人的居住区域也发生了很大变化。前期并未超出大贺氏时期的范围，延续了约100年。到了公元9世纪下半叶（唐咸通至光启年间），势力范围在北、南、西三面都比前期有了拓展，北达嫩江下游的洮儿河一带，南迄幽、蓟地区，西控奚人，统治区域显然大多了。

遥辇氏时期的契丹畜牧业生产有了很大发展，同时狩猎业仍是社会生产的一个部门。自公元9世纪中叶起，耶律阿保机祖父匀德实“相地利以教民耕”，是契丹人农业生产的发端。随后，手工业生产也迅速发展起来，而阿保机父撒剌的“教民鼓铸”则是契丹人冶铁的开始。阿保机叔父述澜接替撒剌的“执政柄”后，开始教民种桑麻，习纺织，“兴板筑，置城邑”。契丹社会原始农业生产和手工业的门类在逐渐增多。实力渐渐强大的契丹人在不久后建立了自己的国家。

遥辇氏时期，尽管部落组织还存在，但国家机制的许多因素已在萌芽。部落联盟的酋长（可汗）和军事首领，已为显贵家族专有。自洼可汗至907年阿保机取代痕德堇为契丹可汗的160多年间，已知的洼、阻午、胡剌、苏、鲜质、昭古、耶澜、巴剌、痕德堇九汗，不仅未出迭剌部，而且多属遥辇氏家族。军事首领一职，从涅里至阿保机，也始终在迭剌部里产生，由耶律家族担任。耶律家族还世袭迭剌部酋长。事实表明，这一时期契丹社会内实际存在的是一种向阶级社会世袭制过渡的世选制度。

契丹的社会职官，是从公元7世纪中叶唐王朝加封契丹酋、可汗为刺史、都督的时候开始的。到了遥辇时期，契丹人拥有了自己的官署机构。草创阶段的官职可能还有名无实，但高居于部族民众之上的显贵集团已经形成。刑罚、牢狱等出现在阻午可汗时期。当时契丹尚无文字，“刻木为契”，无疑是依据不成文的习惯法。然而由专人司其职，又以监狱来关押违法者，一种新制度就应时而生了。

大贺氏时期，李万荣被唐兵打败率领家奴逃跑，后来被家奴所杀，说明契丹当时已经出现家庭奴隶，尽管奴隶数目不多。到了遥辇时期，特别在后期，奴隶制在契丹迅速发展起来。这从两方面可以看出：一是向邻近民族掠夺牲畜、财物时，同时也掠夺人口。阿保机父撒剌的（即德祖）征奚族时，将奚王府的一部曲“徙于饶乐之清河”，以供役使；二是契丹人犯罪者的家属因连坐而沦为奴隶。在痕德堇可汗时，已有“籍没之法”。蒲只姑等三族虽为贵族，但因谋害阿保机叔父释鲁（述澜），家属亦均被没入“瓦里”服劳役。

上述表明，遥辇氏部落联盟时的契丹社会，原始氏族制度正在解体，文明社会的曙光正在升起。耶律阿保机和耶律大石于公元8世纪中叶以后，唐朝由盛转衰，对边疆民族的管理渐渐失控，这就给契丹民族的发展带来了机遇。到了公元9世纪末10世纪初，唐朝终于在农民起义军的不断打击下崩溃了。契丹当时的强敌是盘踞燕州一带的刘仁恭、刘守光父子。他们行为暴虐，所到之处“无少长皆屠之，清水为之不流”。

刘仁恭为了加强自身的力量，穷兵黩武，规定辖内男子，全部自备兵粮从军，“闾里为之一空”，使得“幽、涿之人多亡入契丹”，而契丹西北面的两个强邻突厥、回纥，早已分别在公元8世纪中叶和公元9世纪中叶衰落。契丹成为地区盟主的外部条件日趋成熟，而契丹社会的内部，在经过了一系列变革的阵痛之后，国家机制也已逐步具备。在外部条件和内部因素的碰撞下，使契丹社会面临了一个转折的机遇。然而，当时作为联盟盟主的痕德堇可汗却“不任事”，在与刘守光父子的争夺中，其子被俘，在“纳马五千以赎之”遭拒绝后，只好“乞盟纳赂以求之”，从此不敢南进。智勇善射的阿保机，就是在这样的历史背景下登上了契丹诸部盟主的舞台。契丹需要一个强有力的领导者，阿保机正是这样的人。

907年，耶律阿保机取代痕德堇为契丹可汗，916年仿唐朝建制改可汗号为皇帝，建立辽国，契丹社会进入了全盛时期。阿保机建立的辽王朝存在200多年时间，称霸于亚洲东部，影响远及欧洲。辽国疆域广阔：东濒太平洋；西至额尔齐斯河上游地区，与喀喇汗王朝、高昌回鹘王国为邻；北至外兴安岭和贝加尔湖一线；南逾鸭绿江、长城和大戈壁，同高句丽、北宋、西夏接壤。这些王朝或向辽朝缴纳巨额“岁币”，换取名义上的独立，或干脆称藩受封，作为附庸。所以在穆斯林文献中常把北中国称为契丹，而在俄语、希腊语和中古英语中则把整个中国称为契丹。

阿保机，姓耶律，汉名亿，生于872年（唐成通十三年）。他之所以能取代遥辇氏痕德堇为契丹可汗，创建辽国，和他的迭剌部家族掌握有契丹实权有关，但更主要的是，阿保机具有卓越的军事、政治才能，并顺应契丹社会历史发展的潮流。他29岁就被痕德堇立为迭剌部酋长，开始统帅大军对邻近民族进行征讨。903年春天，阿保机率部赴东北征女真，“获其户三百”，然后接着向南攻打河东，一直到冬天伐蓟北，“俘获以还”。这一连串非常突出的成绩，为他在百姓中树立很高的威望，因此获得了于越这一职位（仅次于可汗），并“总知军国事”。至此，阿保机实际已经掌握了联盟大权。后又在讨伐黑车子室韦、刘仁恭等征战中，特别是在905年与刘仁恭的交战中，连克对方数州，将其百姓全部收归契丹，壮大了自身的力量。事实表明，阿保机的卓越才能和实力，是当之无愧的契丹可汗。

阿保机坐上可汗的交椅后，在北征南讨的同时，大力支持在民族内部实行改革，为契丹建立国家进一步创造条件。为了加强对权势者的管束，908年设立“惕隐”官，管理迭剌部的贵族，910年任命“后族”为北府宰相，又在其营帐“选诸部豪健者二千余人”设立“腹心部”亲军等。一系列的改革措施，打破了部落组织的原有职能，使各部落之间产生制约，削弱了部落贵族的权力，“日益以威制诸部”，便于中央集权掌控。

911～913年，迭剌部的一批权贵以其弟剌葛为代表的旧势力，发动了三次叛乱，一次比一次更激烈，甚至把象征可汗权力的鼓旗和祖先的“神帐”都夺走了。阿保机依靠“腹心部”、贵族进步势力及室韦、吐浑酋长的力量，一次次将叛乱平息下去。915年，另外七部中的守旧势力，趁阿保机征黄头室韦返程途中，陈兵境上，逼迫他“如约”下台。阿保机被迫同意交出“鼓旗”，承诺放弃联盟首领的职位。但他同时提出驻守古汉城，自为一部，与汉人一同生活。双方达成协议后，阿保机返回今滦河上游的根据地，整顿内部，发展生产，“汉人安之，不复思归”。第二年，阿保机采纳了妻子述律氏的计策，邀请七部酋长会宴，以事先埋伏好的强兵把他们全部杀了。然后立即宣布（后梁贞明二年）建国称帝，自号天皇王，国号大契丹

（大辽），建元神册。建国后，他们还创制了自己的文字——契丹文，920年（辽神册五年）制成大字颁行，后又另制新字称“契丹小字”，沿用至金章宗时期。契丹族建立的大辽国与女真族建立的大金国，同时成为中国历史上与北宋、南宋对峙的第二个南北朝。

但是，辽王朝并没有兴盛多久，从11世纪中期就开始走向衰落。矛盾首先在统治集团内部出现。因皇位继承问题，党争不已。进入12世纪后，农民起义连续不断。1114年女真首领阿骨打起兵反辽，在短短的11年内彻底推翻辽朝，建立起金朝。在辽朝覆亡前夕，皇族耶律大石北走漠北另立政权，后又率部西征，先后降服高昌回鹘王国、东西两部喀喇汗王朝、花剌子模沙国，建立起强大的西辽帝国，穆斯林和西方史籍称之为哈喇契丹。西辽王朝虽统治时间只有88年（1124～1211），但在中亚历史上是一个重要的朝代。

西辽帝国的创建者耶律大石，字重德，辽太祖阿保机八代孙，生于1087年。他幼年时既受过良好的契丹族的传统骑射训练和文化教育，又受过汉族的文化熏陶，有“通辽、汉字，善骑射”之誉。耶律大石1115年考中进士，“擢翰林应奉”，根据辽朝的科举制度，殿试第一名方能擢授此职，这说明耶律大石的汉文化修养很高。不久，他又迁升翰林承旨。契丹语把翰林称为林牙，所以人们称他为大石林牙，或林牙大石。

耶律大石踏上仕途之际，正是大辽帝国趋向没落的时候，作为皇族，他为挽救这艘正在下沉的船，恪尽了自己的职责。1116年金军占领辽东京，耶律大石出任泰州刺史，后又调任祥州刺史；1120年辽失上京，中京危机，北宋也想趁机占领燕云，耶律大石调任辽兴军节度使，守卫南京道。1122年金军大举进攻，取中京，下泽州。天祚帝从南京撤退，受到金军的掩袭，仓皇逃奔，“乘轻骑入夹山”，与外界消息隔绝。当天祚帝出走南京时，诏留宰相张琳、李处温与秦晋国王耶律淳守南京。至此，数日命令不至，李处温便与南京都统萧干、辽兴军节度使耶律大石等立耶律淳为帝，据有燕、云、平及上京、中京、辽西六路，史称这一短命政权为“北辽”。

1122年耶律大石打败了南线宋军的两次进攻，但是北线的金军又逼近长城。这时耶律淳已忧惧而死，其妻萧德妃称制，料难以抵挡金军，便逃离南京，同耶律大石去投奔天祚帝。他们第二年春到达，天祚帝杀萧德妃，责问大石："我在，汝何敢立淳？"耶律大石义正词严地进行回答："陛下以全国之势，不能拒一敌，弃国远遁，使黎民涂炭，即立十淳，皆太祖子孙，岂不胜乞命于他人耶？"天祚帝无话可答，赐予酒食，赦免参与其事的全部人员，任耶律大石为都统。1123年耶律大石率军袭击金军，战败被俘。第二年耶律大石逃归，并带回一支军队。天祚帝得到这支军队，又得到阴山室韦谟葛失的支持，自谓天助，再谋出兵，收复燕云。大石认为，当时汉地大部分被金人占有，金国势力正处于巅峰之际，这时候去求战不妥，应当养兵待时而动，不可轻举妄动。但是天祚帝没有采纳大石的进言，坚持出兵。大石知其此战必败，不可能恢复大业，于是杀掉悖臣萧乙薛和坡里括，率铁骑兵200人，夜间离开天祚帝大营。他走后半年，1125年春，天祚帝出兵，先是取得了一些小胜利，但很快被金军打败。天祚帝在逃亡党项的途中被金军俘虏，辽国灭亡。耶律大石出走后，自立为王，设置北南面官属。他们一行200人从夹山（今呼和浩特市西北的吴公坝以北地区）出发，北行三日过黑水（今蒙古国爱毕哈河或译为艾卜盖河），遇到白鞑靼首领床古儿。床古儿献马400匹，骆驼20头，羊若干只。耶律大石一行穿越沙漠，到达辽朝北疆重镇——西北路招讨司驻地可敦城。他立即召集7州、18部的长官、首领和部众开会。他说："我祖宗艰难创业，历世九主，历年二百，金以臣属，逼我国家，残我黎庶，屠翦我州邑，使我天祚皇帝蒙尘于外，日夜痛心疾首。我今仗义而西，欲借力诸番，翦我仇敌，复我疆宇。唯尔众亦有轸我国家，忧我社稷，思共救君父，济生民于难者乎？"这是一篇极好的演说词，全文只有92字，先述辽朝历史，次讲目前局势，然后说明自己此来目的，最后发出号召，激烈慷慨，伤国忧民，以天下为己任之情洋溢于言表。于是众人纷纷响应，国家规模初具。

耶律大石在可敦城掌握实权后，并未像他在演说中所说的那样，出兵去"救君父、济生民"，而是贯彻他的既定方针，"养兵待时而动"。这里的地理条件对他们是极为有利的。有水草丰茂的牧场，牛羊充足，给人们提供了主要食品，同时又有一定的粮食作物，补给人们一些淀粉食品。这为耶律大石的政权提供了相当的经济基础。其南部有宽阔的沙漠地带，穿越困难，成为一道自然防线，便于耶律大石政权休养生息。期间，耶律大石积极展开外交活动，同北宋、西夏建立了联系，与金国的敌国形成了松散的同盟。

耶律大石政权经过5年的休养生息，实力已经变得相当强大，于是决定向外发展。为此耶律大石对周围做了充分调查研究，并进行过军事侦察。“翦我仇敌，复我疆字”，重建大辽帝国，固然是他和臣下最向往的，也是最为神圣的功德，但新兴的大金帝国正处于全面上升时期，实力大大超过他们。严酷现实告诉他们此路不通。而当时西域的情况则相反，高昌回鹘王国、喀喇汗王朝经过几个世纪的发展，已进入衰落时期，忙于内争，无力对外。于是耶律大石政权决定先向西发展，扩大领域，建立更为雄厚的物质基础，然后再去消灭金朝，光复旧物。

庚戌年（1130）2月22日，耶律大石按照契丹族传统，杀青牛白马祭告天地、祖宗，整旅西行。他率军队进入叶尼塞河上游的吉利吉思地区，和当地的部族交兵，但这里并非耶律大石留恋之所，他率军继续向西征进，进入翼只水（今新疆额尔齐斯河）和也迷里河（今新疆额敏河）地区。

耶律大石西征军在叶密立（今新疆维吾尔自治区额敏县）停了下来，修筑城池，建立根据地，招抚当地突厥语各部族。这里水草丰美，气候凉爽，宜于放牧。但由于处于高山、沙漠包围之中，地面狭小，不可能长期供养一支强大的军队，更不用说建立一个统摄中亚的国家了。于是耶律大石决定通过高昌回鹘王国，向西扩展。他率军出发前给回鹘毕勒哥送去书信，说辽朝“与尔国非一日之好”，“今我将西至大食，假道尔国，其勿致疑”。回鹘王收到这封信后，耶律大石的军队已经兵临城下，即使“致疑”，也毫无办法，便大开城门，把耶律大石迎进宫中，大宴3日，在耶律大石临行时又献上马600匹、骆驼100头、羊3000只，并表示愿送质子孙，作为附庸。回鹘王一直把耶律大石及其军队送到境外。

耶律大石率领军队翻过天山后，继续向西推进。东部喀喇汗王朝阿赫马德汗集合军队进行抵抗。耶律大石的军队被击溃，通过高昌回鹘王国撤退。但这次回鹘王毕勒哥没有再“迎接”和“大宴”，而是掩杀、追袭，俘虏了耶律大石的将领撒八、迪里、突迭等。耶律大石带领败兵回到叶密立后，接受了这次出征的教训，重新执行“养兵待时而动”的政策。

耶律大石率领主力部队西征后，金朝西北前线很快得到情报。第二年，即1131年，金军元帅粘罕发燕云汉军和女真军1万人，由右都监耶律余睹率领，北攻可敦城，又发燕云、河东夫运粮随行。但金军这次进攻以败而告终。

耶律大石政权在东线击败了金军的进攻，取得了巨大的胜利，西征喀喇汗王朝虽遭惨败，但及时调整了方针，与民休息，得到了当地突厥语各部族的拥护，住户人数达到4万人。疆域也空前扩大，东起土兀剌河（今土拉河），西至也迷里河，连成一片。于是他在文武百官的拥戴下，1132年2月5日在新修成的叶密立城登基称帝。根据当地人民的习惯，号菊儿汗（或译为古儿汗），意为“大汗”或“汗中之汗”。群臣又上汉尊号“天志皇帝”，建元“延庆”。然后大封功臣，萧斡里剌等49人的祖父均封爵。至此，西辽王朝创立完成。

耶律大石在叶密立称帝建元，不是西辽王朝向外扩展的结束，而是它大规模向外扩展的开始。其后10年间，耶律大石利用有利的国际环境，东征西讨，先后归并了高昌回鹘王国、东部喀喇汗王朝、西部喀喇汗王朝和花剌子模国，以及康里部，建成一个疆域辽阔的帝国。

1132年，当耶律大石在叶密立巩固地位之后，开始扩大领域，他首先率领军队南下，再次进入高昌回鹘王国。回鹘国王看来者不善，没有组织军力抵抗，便归顺了西辽，成为附庸。耶律大石把高昌回鹘王国并入西辽版图，但并没有消灭其王朝，仍让它继续统治这一地区。耶律大石总结上次进攻东部喀喇汗王朝的失败教训，这次把进攻目标转向了七河地区。在耶律大石西征之前，喀喇汗王朝边境上住着一万六千帐从辽朝来的突厥-契丹人，东部喀喇汗王朝委派他们守卫边疆，赐给他们份地和奖赏。但后来东部喀喇汗王朝与突厥-契丹人发生矛盾，强迫他们与妻子隔离，想使他们不再繁殖后代。突厥-契丹人因此起来造反，向巴拉沙衮进军，但遭到喀喇汗王朝的袭击；以后他们多次发动"圣战"。

当耶律大石的军队出现在喀喇汗王朝边境时，他们觉得这是"圣战"最好的机会，便纷纷加入军队，西辽军队的人数猛然增加了一倍。但耶律大石并没有率领军队向巴拉沙衮挺进，而是驻扎在边境上等待时机。东部喀喇汗王朝阿赫马德汗死后，儿子伊卜拉欣即位。他是一个无能的人，葛逻禄人和康里人不愿意服从他，还经常欺凌他，袭击他的部属和牲畜。伊卜拉欣无法阻止他们，便派出使臣，把自己的软弱、康里人和哈刺鲁（葛逻禄）人的强大和奸诈告诉耶律大石，并请求他到他的都城（巴拉沙衮）去，他可以把整个版图置于他的统治之下，从而使他自己摆脱这尘世的烦恼。耶律大石接到请求后，便率领大军浩浩荡荡地开进了巴拉沙衮。这一事件当发生在1134年年初。耶律大石把伊卜拉欣汗降封为王，保存了东部喀喇汗王朝对喀什噶尔与和田地区的统治，作为附庸国；同时也派出军队对这些地区巡行。巴拉沙衮地区，是可耕可牧的"善地"。于是耶律大石决定建都巴拉沙衮（即虎思斡耳朵），改延庆三年为康国元年。他把沙黑纳（意为监督官）派往各地，康里人也服从了他的统治。

不过，耶律大石并没有因此忘记重建大辽帝国的重任。就在兵不血刃而归并东部喀喇汗王朝的当年（1134）3月，耶律大石以六院司大王萧斡里剌为兵马都元帅，敌刺部前同知枢密院事萧查刺阿不为副元帅，茶赤剌部秃鲁耶律燕山为都部署，护卫耶律铁哥为都监，率领7万骑兵东征大金国。

浩浩荡荡的东征部队行程万里，未及作战，牛马多死，人员也有不少损失，只得勒兵而还。西辽的这次东征，虽然半途而废，但引起了金朝的高度注意。金熙宗继位后，在1135年（或1136年）命粘罕征伐西辽。金军进入沙漠后，同西辽潜伏在沙漠中的部队反复交攻，共三昼夜，胜负未分。但是金军粮草断绝，人马冻死很多。其副将是契丹人，得知父兄妻子都在西辽军中，于是率部下数千骑投奔敌方，造成金军内乱。西辽军队抓住机会进行猛攻，粘罕大败而归。西辽王朝在西方的扩展取得了巨大的胜利，在东方也击退了金军的进犯，王朝的疆域进一步扩大和巩固。在经济上，根据穆斯林史籍的记载，西辽王朝对归并地域的城乡居民的所有权没有做任何改变，特别是耕地，仍归原居民耕种，也就是说没有发生过历史上游牧民族征服者惯用的“毁耕为牧”的“圈地”，而且居民只交纳很轻的税赋。不久，百姓兴旺，牲畜肥壮。在政治上，西辽王朝对归属他的国王，继续让他们统治本土，发给他们一块银牌作为归顺的标志。西辽政府满足于征收一小笔年贡和把一名沙黑纳派驻在那里。这些附庸国王一般都受到菊儿汗的礼遇。因此西辽王朝的整个社会安定，“军势日盛，锐气日倍”。

1137年，西辽王朝开始了第二阶段向外扩展。首先进入费尔干纳谷地，在这里基本上没有遇上什么抵抗。继续向西推进，到达忽毡时，遇到了西部喀喇汗王朝马赫穆德汗的抵抗。两军交战，喀喇汗王朝军队被击溃，马赫穆德汗逃回首都撒马尔罕。“事件严重地震惊了它的居民，恐慌和沮丧加重，单等着早上或晚上灾难的降临。布哈拉和河中其他城的居民也是这样”。然而西辽军队却没有乘胜前进，而是停下来巩固他们新占领的阵地，等待更好的战机。1141年，河中地区爆发了喀喇汗王朝与其军事力量的主要组成部分葛逻禄人的冲突。喀喇汗王朝马赫穆德汗向自己的宗主塞尔柱突厥人苏丹桑贾尔求援。之前，马赫穆德汗被西辽军队打败逃回撒马尔罕后，便向苏丹桑贾尔派出使臣求援，说穆斯林遇上了灾难，鼓动他保卫穆斯林。呼罗珊、西吉斯坦、伽兹纳（今伊朗里海西南），马赞兰德（今伊朗里海南岸）和古尔（今阿富汗中南部）的国王们都带兵纷纷加入了苏丹的部队。桑贾尔集中了10万多骑兵——仅军事检阅就用了6个月时间，于1141年7月渡过阿姆河，当他听到马赫穆德汗关于葛逻禄人的诉说后，便向葛逻禄人发起进攻。

葛逻禄人发觉苗头不对，于是派人向菊儿汗耶律大石求援。耶律大石给桑贾尔写信，为葛逻禄说情，请求他原谅他们。不可一世的桑贾尔不但没有接受说情，反而要耶律大石接受伊斯兰教，否则就要武力侵犯。耶律大石一怒之下下令进军，亲率领由突厥人、汉人和契丹人组成的军队在撒马尔罕以北的卡特万与敌相遇。耶律大石察看了地形，叫军队靠达尔加姆峡谷立营，派六院司大王萧斡里剌、招讨副使耶律松山等领兵2500人攻桑贾尔军队的右翼，枢密副使萧查剌阿不、招讨使耶律术薛等领兵2500人攻其左翼，自率其余部队攻其中军。桑贾尔军队的右翼是异密库马吉，左翼是西吉斯坦国王，中军由自己亲率，并由有经验的老兵断后。

1141年9月9日，两军会战。西吉斯坦国王非常勇敢，但西辽军队越战越猛，葛逻禄人也发挥了重要作用，逼使桑贾尔军队后撤。西辽军队追杀，桑贾尔逃脱，但是他的妻子、两翼指挥官及著名伊斯兰法学家胡萨德·奥玛尔被俘。桑贾尔军队伤亡惨重，仅在达尔加姆峡谷就留下了1万名死伤者，“僵尸数十里”，死亡总数达3万人。穆斯林史学家伊本·阿西尔说：“在伊斯兰教中没有比这更大的会战，在呼罗珊也没有比这更多的死亡。”从此塞尔柱王朝的势力退出河中地区。

战后，耶律大石释放了战俘，领兵进入撒马尔罕。这里是河中地区最大的城市，“回纥国最佳处”（《长春真人西游记》），“西辽名是城日河中府”（耶律楚材：《西游录》）。耶律大石并没有消灭西部喀喇汗王朝，同对待东部喀喇汗王朝一样，让它继续统治河中地区。菊儿汗耶律大石封逃入呼罗珊的马赫穆德汗的弟弟伊卜拉欣为桃花石汗，只留下一名沙黑纳，监督其统治。耶律大石把西部喀喇汗王朝变为自己的附庸之后，便派大将额儿布思进军花剌子模国。额儿布思进入花剌子模后，大肆屠杀平民，洗劫村落，迫使花剌子模沙阿即思投降。阿即思向他表示愿效忠菊儿汗，每年交纳贡金3万金狄纳尔及其他贡品。缔结条约后，额儿布思从花剌子模撤军。卡特万会战后，西部喀喇汗王朝和花剌子模国进入西辽王朝的版图，西辽帝国的疆域至此基本稳定下来。帝国的疆域，分为王朝的直辖领地和附庸国、部的领地两部分。直辖领地为以巴拉沙衮为中心的锡尔河上游、伊塞克湖周围地区，其附庸国有高昌回鹘王国、东部喀喇汗王朝、西部喀喇汗王朝、花剌子模国；附庸部族主要有粘拔恩（乃蛮之异译）部、康里部和葛逻禄部。

就在西辽不断征战的同时，13世纪初，蒙古铁蹄开始在中国的北部隆隆响起，很快就对西辽构成了军事威胁。蒙古军骁勇善战，装备精良，战斗力十分强大。1218年，西辽政权被如日中天的蒙古军所灭。伴随着大辽帝国的灭亡，最多时曾拥有120多万人口的契丹民族也随之消失得无踪无影。那么，这个曾经创造了众多文明、占据过大量土地的民族究竟到哪里去了呢?

事实上，契丹人在不同时期、不同历史条件下，大都已经融入其他民族之中。辽亡以后，除一部分契丹人随耶律大石西迁以外，大部分契丹人仍留居在东北地区。这些契丹人虽大都与女真、高句丽、蒙古族融合，但一部分契丹人还是以集团形式保留着契丹民族的风俗习惯。金、蒙战争爆发以后，许多契丹人起事，参加反抗女真人统治的斗争。这部分契丹人有的被女真人镇压，有的投靠蒙古人。投靠蒙古人的这部分契丹人，随着蒙古人东征西讨，契丹人也随之分散到全国各地。而随耶律大石西迁的契丹人，其中有一部分在西辽亡后，又迁到今伊朗克尔曼省建立了一个有80余年历史的起儿漫王朝，俗称“后西辽”。但这部分契丹人的传统习俗已经完全伊斯兰化了。就这样，一个曾经辉煌的契丹民族，如同扔在大海中的冰块一样融化了，契丹人也在历史记载中逐渐消失。

蒙古为何没能征服日本

不可一世的蒙古帝国曾横扫欧亚大陆，攻无不克，战无不胜，可两次渡海攻打日本，却都遭到惨重失败，殊为可惜，这是为什么呢?

第一次蒙古入侵日本是1274年。进攻日本的远征军从朝鲜扬帆出海，驶往九州岛，远征军共两万五千人，其中蒙古人和高句丽人大约各占一半，还有部分女真人和少量汉人。远征军的统帅为蒙古人忽敦，两位副统帅为高句丽人洪茶丘和汉人刘复亨。元军航行至博多湾，首先攻占了对马岛和壹歧岛，然后兵分三处在九州岛上岸攻入内陆。三路入侵军队中，一路为主力，两路为策应，主力部队的登陆地点大约在长崎附近。面对第一次蒙古来袭，日本镰仓幕府急忙调集部分正规军迎战，九州沿海各藩也紧急组织武士和民兵参战。惨烈的战斗进行了二十多天，刘复亨在激战中阵亡，元军折损大半后退回海滩依托回回炮防守。至此元军伤亡惨重，败局已不可避免，由于箭和粮用尽，无法继续守住阵地，元军只得登船撤退。

第二次蒙古入侵日本是1281年。忽必烈统一中国之后，便着手准备第二次入侵日本。元帝国庞大的远征军从江浙和朝鲜同时出发。此次出征的军容更为壮观，共有大小船舶近五千艘，军队约二十万，其中蒙古人四万五千，高句丽人五万多，汉人约十万，其中汉人大半为新附军（收编的南宋军），远征军中蒙古人自然是作战的中坚力量。6月上旬，元军开始登陆作战，登陆地点的九龙山距上次战争主力部队登陆的地点不远。这次远征军遇到了更为顽强的抵抗，高句丽军统帅洪茶丘被俘杀，几名蒙古高级指挥官也相继阵亡。激烈的战斗持续了一个多月，远征军的损失已超过三分之一。由于日本沿海滩构筑了一道坚固的石墙，元军屡屡进攻始终无法突破。到7月下旬，元军的粮草和箭已基本用光，只好以撤退收场。

分析了大量史料后，可以认为，蒙古之所以两次进攻都未能征服日本，是因为有以下6方面的主要原因：

一、第一次进攻日本时兵力不足。南宋尚未灭亡，蒙古仅控制了北方中国，当时蒙古帝国正集结重兵准备南下攻打南宋，用以进攻日本的军队只有五万多人。劳师远征且是蒙古人不擅长的跨海作战，再加上日本人的拼死抵抗，这点兵力显然是不够的。兵力不足的原因除了多线作战的因素外，更主要的是忽必烈并没有把当时军事实力较强的日本当回事。

二、蒙古在战术上没有丝毫的优势。按照日本人的说法，蒙古人的战斗力并不如想象中那样强大。战争开始后，日本人采取了与蒙古人贴身近战的战术，使蒙古人的弓箭和回回炮优势失效。平心而论，蒙古兵能够吃苦耐劳，必要时他们可以靠吃生马肉、喝马血维持生命，且作战机动性很强，一般只带有很少的粮草，士兵的吃穿问题主要通过掠夺战争地区来解决。可这两次战争中蒙古人偏偏无法发挥自己的特长，一直未能突入内地居民区，自然不可能有掠夺之地。相比之下，日本人的战术十分高明。

三、蒙古在武器装备上没有明显的优势。对日作战，蒙古第一次遇到了武器装备不逊于自己的对手。日本人装备的优势不仅在于战刀，也在于武士的铁甲。据说元军普通士兵的刀剑与日本刀一碰即断（当时日本的冶炼和刀具制作技术世界一流，日本战刀的性能只有北印度和西亚出产的大马士革钢刀可以相媲美），只要距离稍远，蒙古弓箭就无力穿透日本武士的盔甲。

四、日本武士自小开始接受严格的军事训练，战技远胜蒙古人。蒙古人的记载称日本人擅长单打独斗，这可以和日本人的说法相印证。

五、跨海作战保密不严。两次入侵日本都不是突然袭击，攻其不备，而是日本事先都得到可靠消息，做了充分的迎战准备。特别是第二次入侵，日本人严密侦视了元帝国的动向，对蒙军来袭做了充分的战争准备。此时日本政局稳定，北条时宗对镰仓幕府和日本各藩的控制远胜以往，因此日本人能够动用更多的人力物力抗击入侵。幕府在九州征用民夫，于博多湾一带敌人

△ 蒙古骑兵

最有可能登陆的地区沿海滩构筑了一道石墙，用以阻碍蒙古骑兵。事实上蒙古兵始终没有突破这个防线。

六、天公不作美，飓风帮了日本的忙。蒙军两次入侵日本都遭遇猛烈的飓风，损失惨重。1281年第二次侵日时的8月1日，太平洋上突然刮起了猛烈的飓风，风暴持续四天，元军南方舰队的舰船基本被毁，北方舰队的舰船也损失大半。北方舰队剩余的舰船搭载指挥官以及部分蒙古军和高句丽军逃离战场驶返高句丽。南方军的指挥官和部分高级官员眼看回天无术，也只得丢下大部队，乘南方舰队残存的几艘船匆匆逃离。此时九龙山的海滩上尚留有近十万元军，这些人失去了补给和退路，又无力突破日军的防线，陷入绝望境地。三天后，日本人开始反攻，将残存的元军驱赶至一处名为八角岛的狭窄地区，然后纵兵攻击。元军大部被杀，剩余的两万多人做了俘虏。

故宫真的有9999间半房吗

重重殿宇，层层楼阁，令人仿佛走入迷宫一样的故宫，据说有各种各样房屋9999间半。这是一个在民间流传很广的说法，多少年来也一直为人们津津乐道。试想一下，即使在一间房子住一宿，这近万间房子要想全都住个遍，也够皇帝住上二十七年半！皇帝造化再大，能够活到一百岁，这些房子每间他最多也只能住上两三宿。由此可见故宫里的宫殿楼阁数量之多，让人不由得望楼兴叹，称之为“殿宇的海洋”一点也不为过。

可是，当初明朝永乐皇帝营建紫禁城的时候，为什么不造它一万间房子，而偏偏弄出个半间房呢？相传，当初营建紫禁城的时候，永乐皇帝朱棣还真的打算造它个一万间房子的。可是就在他传下圣旨后，有天晚上，他睡在龙床上做了一个梦，梦见玉皇大帝把他召到天宫，责问他紫禁城的宫殿数为何要跟天宫一模一样，造一万间。永乐皇帝醒后连忙召刘伯温进宫，将梦复述给刘伯温听，刘伯温听后也吓了一跳：“玉皇大帝可是惹不得的！他的天宫是一万间屋宇，咱就建它9999间半，这样既不失玉皇的面子，也不失皇家的壮观气派和您天子的尊严。”于是，紫禁城最后便落成了9999间半房子。

故事显然是后人牵强附会编出来的，但它也反映了作为天之子的皇帝虽不能与玉皇大帝并驾齐驱，却又希望竭尽所能营建天下最广最大的宫殿的心愿，因此，人们宁愿相信紫禁城之所以建造9999间半房子也是因为这个缘由。

也有另一种说法，认为紫禁城内屋宇的数量是受了“阳极生阴，阴极生阳”、“满招损，谦受益”等古代哲学思想的影响，因为“一万”是个整

△ 北京故宫鸟瞰

数，又是皇帝“万岁爷”之“万”，即至高无上的数字，为了警示自己，“戒盈持满”，便有意减掉半间，以免逾九达万而招致灾祸。

故宫到底有多少间房子？先来看看那传说中的半间房子吧。在景运门外箭亭之南，有一座院墙围着的两层绿色琉璃瓦建筑，这里就是清朝的藏书处文渊阁，乾隆后期纂修的《四库全书》等巨制文献就曾保存于此。文渊阁楼上的西端，与一般的楼阁不同，两柱之间不是一丈多的间隔，而是仅有五尺左右的间隔，所谓半间房就是指这里，是针对其间架的尺度不足而言。

在我国古代的房屋建筑结构中，对宫殿堂室都有一定的尺度规范。拿间架（即两檩或两柱之间的空间距离）来说，北宋李诫《营造法式》规定，大式建筑开间可到九间，特例可用到十一间，进深不超过十一架，特例到十三架；小式建筑开间只能做到三五间，进深不得多于七架，一般以三、四、五架居多，“凡屋宇之高深，名物之长短曲直举折之势，皆以所用材之分，以为制度焉”。大式建筑指坛庙、宫殿、苑囿、陵墓、城楼、府第、衙署和官修寺庙等建筑组群的主要及次要殿屋，属于高等级建筑；小式建筑指民宅、店肆等民间建筑，属于低等级建筑。现在故宫的太和殿为十一开间，即是清朝重修时所改，符合《营造法式》中大式建筑之特例的规定。清朝的《工程作法则例》与《营造法式》一脉相承，以比例模数制为度量标准，称为“斗口”，每组斗拱称一“攒”，斗口共分十二等级，最大宽六寸，最小一寸，明堂柱间距为七至九攒。清朝还将《工程做法则例》中规定的二十七种房屋规格，纳入《大清会典》，作为国家制度固定下来。文渊阁自然也遵守了两宋至明清以来的建筑规制，其间架（即两柱之间的间隔）理应一致，同为一丈许，而间隔仅五尺显然不合规范，所以从这个意义上人们将其称为半间，可能是受制于空间的缘故才不得已而为的吧。

半间房的疑问已经搞清楚了，那么故宫中是否真有9999间半房子呢？实际上，这个数字也只是传说而已。据统计，故宫现存建筑980余座，殿、宫、堂、楼、斋、轩、阁的总间数为8707间。关于这个数字据说也有来历。当年刘伯温奉命到全国各地督办营建紫禁城的木料、石料时，眼见老百姓生活贫苦，心想皇上如此大兴土木，要花多少银子呀？于是便将设计图改了，删掉了几百间，实际建成8700多间。紫禁城告成后，刘伯温领着永乐皇帝兴致勃勃地参观，皇帝问是9999间半吗？刘伯温回答是，皇帝信以为真，重赏了刘伯温。其实这偌大的紫禁城，殿宇堂室到底有多少间，皇帝哪里数得过来，刘伯温说是多少便是多少。

这个传说应该是不正确的。因为紫禁城的营建是一个动态过程，现在故宫所存8707间房子并非永乐年间紫禁城建成时的房间数量，明代永乐年以后和清朝都曾在原来的基础上进行扩建和重建过，再加上明代紫禁城内发生过多次火灾，烧毁殿宇不少，房间的数目必定有所变化。清朝末代皇帝宣统逊位后仍居住在紫禁城内，1922年后宫建福宫也发生过一场大火，将建福宫、静怡轩、延春阁、吉云楼、广生楼、碧琳馆、积翠亭、香云亭等西花园的宫殿楼阁全都烧为焦土。

所以，故宫现存的房屋准确地说应该是8707间。至于民间传说的9999间半是一种夸张的说法，无非是为了渲染其宫殿堂室之多而已。

刘伯温的暴亡有什么蹊跷吗

刘基，字伯温（1311～1375），浙江青田人，元末进士，明朝开国功臣。朱元璋把他比为辅佐刘邦成就帝王之业的张良，比为诸葛亮。当群雄角逐之秋，朱元璋对刘基的信赖简直如鱼之不可离水。1367年朱元璋建立政权机构时，便任刘基为御史中丞。这样一位忠心耿耿、功勋卓著的开国元勋，在朱元璋当了皇帝以后，却很快受到了冷遇，以致不久便被迫引退，后来又被“钦赐”还乡。最后，当朱元璋派丞相胡唯庸探视了他的病况以后，刘基很快就暴死于家。这是什么缘故，他的暴亡有什么蹊跷?

△ 刘伯温画像

原来，朱元璋以淮人起兵淮西，立国以后，朝中的文武百官绝大部分都是淮人。丞相李善长为淮人集团的中心人物。他们对其他地方的人采取排斥态度。像浙江青田人刘基这样功高硕学而又刚正不阿的人，就成了他们重点排挤打击的对象。朱元璋后来也多次对刘基的儿子说：“刘伯温在这里时，满朝都是党，只是他一个不从。”“他只是有分晓的，他便忌着他，若是那无分晓的啊，他每也不忌他。到如今，我朝廷是有分晓在，终不亏他的好名。”所以公私史家一致记载说，“刘基为人刚毅，慷慨，有大节。每论天下事，是是非非，无少回曲。”

朱元璋平定张士诚以后，张昶企图乱政，派人上书颂功歌，劝朱元璋及时行乐。朱元璋把张昶的奏章拿给刘基看，刘基说："他是想做赵高了。"朱元璋点头。张昶知道后，怒形于色，便让齐翼岩等人伺察刘基的阴事，图谋陷害。但还未来得及动手，张昶却先因事被诛。后来的司天台遇灾，齐翼岩乘机上书攻击刘基，但奏中所谈的许多事，都是刘基平日已向朱元璋秘密做了报告，或朱元璋直接指示刘基做的。齐翼岩不了解情况，结果反被朱元璋下令斩首，他的党羽及与张昶通谋的事，也被彻底查清。

张昶本是元朝的户部尚书，1362年航海出使朱元璋军中，朱元璋见其才辩通敏，留为参知政事，根基并不很深。但是得罪了丞相李善长，情况就大不相同了。1368年，朱元璋北巡汴梁，命李善长和刘基留守京师。刘基执法刚严，丞相府僚吏有触犯律例的，一概不留情面。一个宦官监督工匠不严，刘基报告皇太子，置之于法。宿卫舍人在值班房下棋，也被严厉惩处。中书都事李彬贪赃枉法恰在这时被揭露出来。李彬一直依附李善长，窃弄威福，李善长遂托刘基缓其刑狱。刘基不答应，报告了朱元璋，请杀李彬。一天，李善长与众人商议祈神求雨时，接到了朱元璋批复的诛李彬的报告，李善长听后大怒道："今欲祷雨，可杀人乎？"刘基寸步不让，说："杀李彬，天必雨！"终于杀了李彬。及朱元璋还京，怨恨刘基的人纷纷在朱元璋面前说刘基的不是，李善长也说刘基专恣。这时朱元璋因天旱求言，刘基奏道："士卒死后，妻子全安置在别的营中，多到数万人，阴气郁结；工匠死，尸骨暴露；张士诚将吏投降的，都被编为军户，足干和气。"朱元璋处理了这三个问题，可过了十多天，还是没下雨。于是朱元璋对刘基非常恼怒。在周围这样紧张的空气下，这年8月，刘基不得不借口妻子亡故，请求告归。

刘基这一次致仕时间并不长。当年11月，朱元璋在平定了扩廓帖木儿之后，即驰诏召刘基回京"同盟勋册"。刘基应诏回京后，朱元璋给了他很厚的赏赐，追赠他的祖、父皆为永嘉郡公。

不久，朱元璋对丞相李善长有些厌倦，为物色丞相的事征询刘基的意见。他首先提出杨宪与刘基交谊很深，但刘基认为杨宪不合适。朱元璋很奇怪，刘基说："宪有相才，无相器。夫宰相者，持心如水，以义理为权衡，而已无与焉者也。今宪不然，能无败乎？"朱元璋问："汪广洋何如？"刘基说："此褊浅，观其人可知。"朱元璋又问："胡唯庸何如？"刘基说："此小犊，将偾辕而破犁矣。"朱元璋说："吾之相，无逾于先生。"刘基说："臣非不自知，但臣疾恶太深，又不需繁剧，为之且孤大恩。天下何患无才，愿明主悉心求之，如目前诸人，臣诚未见其可也。"此后的事实证明，朱元璋问及的杨宪、汪广洋、胡唯庸三人，实际都是他心中考虑已久、早有属意的人物。刘基如此轻易地将他们一一否定掉，大忤朱元璋意，也从此为自己埋下了危险。

1370年7月，朱元璋在给刘基的《弘文馆学士诰》中说："於戏！苍颜皓首之年，当抚儿女于家门。何方寸之过赤，眷亦不舍，与朕同游。后老甚而归，朕何时而忘也。"这是用极不客气的话讽刘基引退，显然这时朱元璋对刘基已深有厌弃之心。这年11月，朱元璋大封功臣，只封刘基为诚意伯，食禄只有二百四十石，而李善长则封韩国公，岁禄四千石。

1371年正月，朱元璋以汪广洋为右丞相，胡唯庸为中书左丞，同时赐刘基归老乡里。2月，刘基第二次回到青田。

可是，刘基在家也未能过得安稳。当初，刘基请求在浙闽之间一片名叫"淡洋"的空旷地带设立巡检司，这时恰有逃军在这里造反。刘基派长子刘琏入京向朱元璋报告，没有先同中书省打招呼。胡唯庸以左丞掌中书省大权，心中一直对刘基以前反对自己做丞相怀恨不已，此时遂乘机陷害。他指使刑部尚书吴云让老吏告刘基，说淡洋之地有王气，刘基想占作自己的墓地，百姓不给，他便请设巡检司，结果激成事变。这无异加给他一个谋篡的罪名。于是朱元璋将他的岁禄削夺干净。刘基明白，这时默默忍受对他是最好的选择。为了消除朱元璋的疑忌，他立即回到京师，不敢有任何申辩，"唯引咎自责而已。"

1373年，丞相汪广洋被贬广东，胡唯庸为相，独掌中书大权。刘基见情势如此，心中忧愤，曾对人说："使吾言不验，苍生之福也；使吾言验，其如苍生何！”没有多久，刘基就得了病。

1375年正月，朱元璋派胡唯庸探视刘基病情，胡唯庸随身带的医生为刘基开了医方。刘基吃了两付药，就觉得拳头大的东西积在胸口，硬如铁石。两个月后，病势沉重起来。朱元璋知道他快要死了，便派人护送他回乡。到家只一个月，刘基就在1375年5月16日，离开了人间。他生在1311年7月2日，终年65岁。死的前几天，他取出天书递给长子刘琏，让他尽快上交朱元璋，说：“毋令后人习也。”又对次子刘璟说：“夫为政，宽猛如循环。当今之务，在修德省刑，祁天永命。诸形胜要害之地，宜与京师声势联络。我欲为遗表，唯庸在，无益也。唯败后，上必思我。有所问，以是密奏之。”五年以后，到了1380年正月，御史书丞涂节揭发左丞相胡唯庸与御史大夫陈宁谋反时，才揭出了刘基暴死的秘密，原来“唯庸挟医往。以毒中之”，是胡唯庸指使他带的医生在药中下了毒！

孔颖达注释《左传·昭公元年》“何谓蛊”一语说：“以毒药药人，令人不自知者，今律谓之蛊毒。”胡唯庸正月视疾，刘基三月病重还乡，四月死去，可知胡下的是慢性毒药，以此巧妙掩饰其杀害刘基的痕迹。

但是，事情是否仅此为止？这与朱元璋本人有什么关系？至今仍然是个谜。因为，朱元璋明知胡唯庸、刘基二人如水火不容，却为何要派胡唯庸去看望刘基？刘基服药病势转沉，向朱元璋反映情况时，为何朱元璋丝毫不予理会？朱元璋赐刘基归老青田的诏书中，为何竟说：“君子绝交，恶言不出。”并把刘基比作顾恋旧巢的禽鸟，说什么“商不亡于道，官终老于家，世人之万幸也”？刘基死时，朱元璋为何丝毫未怀疑而后又说得如此肯定？胡唯庸视疾，本为朱元璋所派，所以钱谦益以历史家的笔触写道，“胡唯庸之毒诚意也，奉上命挟医而往”，语中就隐约含有朱元璋授意或怂恿胡唯庸去干的意思。

建文帝朱允炆的下落如何

建文朱允炆是明太祖朱元璋的孙子，已故太子朱标的长子。朱元璋早年立长子朱标为皇太子，但是后来由于朱标早逝。朱元璋便改封长孙朱允炆为皇太孙。让其在自己百年之后，继承皇位。但是，对于朱元璋的这种安排，有一个人极为不满，他就是朱元璋的四儿子——燕王朱棣。朱棣早年随父亲东征西讨，为大明王朝的四方安定立下了汗马功劳。洪武三年，朱元璋封朱棣为燕王，负责统率重兵，驻守北平，以防蒙古骑兵进犯。

朱棣在朱元璋的众多儿子中才华最为出众，而且胸怀大志。

起初他对父皇选立长兄朱标为太子不好说什么，可是朱标死后，朱元璋又立懦弱无能的皇长孙朱允炆为皇位继承人，却引起了朱棣的强烈不满，他数次在朱元璋的面前诋毁朱允炆如何如何懦弱无能，绝非可托天下之人。朱元璋虽然心中也明白，论文武才华，四子朱棣都要远远高于长孙朱允炆。但是他为了维护自己确定下来的皇长子继承制度。他要坚决地支持朱允炆做自己的继承人。

有一次，朱元璋为了展示皇太孙的才华，命他在诸皇子大臣的面前对诗，朱元璋出的上句为“风吹马尾千条线”，朱允炆想了半天终于对出一句：“雨打羊毛一片膻”。虽然对的句子看起来也还算工整，但语意平庸，毫无意蕴。朱元璋大为不快，这时燕王朱棣随口吟出一句：“日照龙鳞万点金”。一股王道霸气直惊得在座的人目瞪口呆，朱元璋也连口称赞。但这也增加了他对皇太孙日后帝位的担心之情。

1398年71岁的朱元璋去世，依照他生前的安排留下遗诏，由21岁的皇太孙朱允炆即位，年号建文，也就是历史上的明惠帝。传说朱元璋临死之前，不放心朱允炆，便交给自己的贴身太监一个密匣，称如果皇太孙一生平安无事，不要打开这个匣子，如果发生什么紧急情况，就打开这个匣子，它会告诉他怎么做。这是民间流传下来的一个传说故事，不知是真是假，但正是这个离奇的小故事，更加增添了建文帝下落的神秘色彩。

朱元璋在位之时，为了巩固大明王朝始终掌握在朱姓子孙的手中，他先后分封自己的子孙为藩王，分驻全国要害之地，这些分封藩王都手握重兵，称霸一方，朱元璋在世之时，还倒是老老实实，不敢有什么非分之举。但朱元璋死后，他们根本不把懦弱无能的建文帝朱允炆放在眼里，个个飞扬跋扈，不服从中央政府的管辖。为了解决地方藩王对中央皇权的威胁，建文帝采纳了齐泰、方孝孺等人的建议，厉行削藩之策。他先是派兵进抵开封，软禁了周王朱肃，然后将其废为平民；接着又发兵湖南、湖北除掉了岷王朱便、湘王朱柏，此后，又先后将齐王朱博、代王朱桂等人囚禁。建文帝厉行削藩，地方藩王纷纷被削夺爵位，抑或被废为平民，抑或被禁为囚徒。一时间闹得是沸沸扬扬，怨声载道。这一措施严重损害了地方藩王们的切身利益，几乎所有的诸侯王都对此不满，尤其手握重兵，觊觎帝位的燕王朱棣。

燕王朱棣早就有起兵反叛、夺取帝位之心，只是苦于没有很好的借口，这次建文帝削藩弄得天下诸侯怨声载道，这对燕王来说简直是一个千载难逢的好机会。1399年7月，燕王朱棣以“清君侧”为借口发动了“靖难之役”。虽然名义上是要帮建文帝清除身边的奸臣，实际上起兵反叛。燕王起兵之后，建文帝马上慌了手脚，急忙征调各地方的军队入京勤王。但是，由于建文帝削藩以来，地方诸侯已被他得罪殆尽，所以，地方诸侯纷纷投向燕王帐下，背叛建文帝。建文帝手下的文人不少，但没有多少可以带兵打仗的将帅之才。心腹齐泰、方孝孺等人也都是文人腐儒，虽满腹经纶，但也没有什么用处。就这样，燕王的军队没费多大的力气，很快就打到了南京城。建文帝见大势已去，下令火烧皇宫。燕王朱棣攻入皇宫之后，没有找到建文帝，便命人仔细搜查寻找建文帝，宫里的太监说建文帝在万般无奈之下，跳入火中自焚了，并从火堆里找出一具尸体指认说是建文帝。朱棣假惺惺地痛哭一番，说自己只是要清理奸臣，并不是要皇上死。然后，以皇帝礼将其厚葬。但是，在正史的文献中，却没有任何有关建文帝陵寝的记载，而且后来的崇祯皇帝也曾亲口说过建文帝无陵。

因此，废墟中的那具焦尸到底是否就是建文帝，建文帝到底死没死，没死的话他又逃到了哪里？对于这一系列的问题，朱棣本人也持有怀疑态度，后世史家和民间传说更是众说纷纭，离奇万分。一种说法认为，建文帝并没有死，而是逃出南京，到了贵州的一个寺庙当了和尚。据说，在燕王朱棣围城之后，建文帝叫天天不灵，叫地地不应，为防止被俘受辱，建文帝决定自尽殉国。这时，突然有一个太监跑过来，他告诉建文帝，太祖皇帝临终前曾经交给他一个密匣，并叮嘱他如果皇上遇到危难，可以打开匣子。建文帝听后，急忙命这个老太监取来密匣，打开一看，里面装有三套袈裟，三张度牒，一把剃刀，三张度牒上分别写着应贤、应能、应文三个名字。应文指的是建文帝朱允炆，应贤、应能分别是指建文帝的心腹近臣叶希贤、杨应能。匣中还有一封信，上面写道“应文从鬼门出，余从水关御沟而行，薄暮，会于神乐观之西房”。建文帝一看，便明白这是太祖皇帝早就预料到自己会有今天，传此密匣，告知自己剃发为僧从密道出逃保命。按照密匣的指示建文帝剃发做了和尚，从鬼门逃出宫去开始了浪迹天涯的游行四方的僧人生活。

建文帝化装出逃之后，皇后马氏为了掩护他，命令太监放火烧城，然后自己跳入火海，自焚而死。第二天朱棣攻入皇宫之后，搜寻建文帝的下落，太监、宫女们迫于压力，便谎称建文帝已自焚而死，并指认皇后的尸体就是建文帝，此时火中找出的尸体已被烧得面目全非，难以辨清，就这样朱棣信以为真，没再追究下去。

有人甚至还找到了建文帝出家后的隐居之所，贵州安顺平坝县境内的高峰寺。据《平坝县志》记载：高峰寺内斋堂地下有一个藏身洞，洞底有一块石碑上刻有“秀峰肇建文迹尘知空般若门”的铭文，此外，寺中的另一块石碑上刻有开山祖师秀峰收留建文帝的经过。以此，后人推测此处就是建文帝出家之后的归宿之地。建文帝归隐贵州高峰寺为一种说法，还有人认为，建文帝出逃之后没有去贵州，而是在就近兰溪市东山上的一座古寺归隐，东山又名皇回山，是金华山脉的一支，寺院里的和尚世代口传建文帝在此削发隐世的传说，并说寺院中还保留有建文帝的隐居之处和古碑遗迹。在寺院的大殿内，塑的是身穿袈裟的建文帝像，左右两旁分别为伴帝出家的杨应能、叶希贤两人，殿内的后壁绘有建文帝逊国出逃的路线。此外寺院内还保留有建文帝出家后所作的几首诗："百官不知何处去，唯有群鸟早晚朝"，"尘心消尽无孝子，不受人间物色侵"。诗中意蕴饱含仓皇出逃，归于世外的无奈和忧伤，为建文帝归隐于此，又增添一证据。

还有一种比较流行的说法，就是建文帝从南京城逃出之后，辗转来到泉州，流落到海外，后来明成祖即位之后，派郑和下西洋，就是为了寻找流落海外的建文帝。传说，建文帝从密道中逃出京城之后，见前往北方的道路大都被燕王的军队所围阻，因此不得不化装南下，辗转来到武昌罗汉寺。罗汉寺的住持达玄和尚，看过建文帝的度牒后，赶紧将建文帝引入寺中躲藏。过了一段时间后，建文帝等人见此处易于被燕王的爪牙发现，他们又在达玄和尚的指引之下乘船前往泉州开元寺，然后辗转逃到海外。据《泉州开元寺志》记载，当时泉州开元寺的住持念海和尚正是罗汉寺住持达玄和尚的弟子。建文帝来到泉州开元寺之后，便隐匿寺中，派人寻找出逃海外的机会。终于有一天，他们坐上了一个阿拉伯商人的货船，随行来到印度尼西亚的苏门答腊岛，开始在此隐居。据说，当地的华人，至今仍在每年农历五月十六日建文帝登基那天，举行隆重的拜"皇爷"之礼。

关于建文帝的生死和下落自古至今一直众说纷纭，争论不休。对于此，每一种说法都只能说是一家之言，因为没有哪一种说法有十分确凿的证据。也许建文帝的生死与下落真的如其他历史之谜一样，是一个永远也解不开的千古悬案。

郑和下西洋的真实原因是什么

△ 郑和画像

郑和是我国乃至世界航海史上最出色的航海家之一。1405年至1433年的二十九年间，他奉明成祖朱棣等皇帝之命，七次下西洋，先后到达非洲、亚洲两大洲的三十多个国家和地区，最远到达非洲的东海岸，创造了远程航海史的壮举。可惜当年郑和航海的全部档案都被当时的兵部侍郎刘大夏付之一炬，后人难以对郑和航海的史料加以详细考证，于是就有了关于郑和航海的诸多谜案，其中一直让后世学者疑惑不解的是郑和下西洋的动机。人们的问题是：郑和为何下西洋，朱棣称帝后为何忽然将目光转向了茫茫大海?

关于郑和下西洋的第一种说法是认为郑和远航乃是奉明成祖朱棣之命，寻找建文帝。前文已述，明成祖朱棣是通过谋反登上皇位的。当初建文帝朱允炆为了巩固皇权，相继废削了握有军政大权的周王、齐王、代王、岷王等藩王的职权。燕王朱棣唯恐自己被废，并且他对皇位觊觎已久，早就不甘心让自己的侄子为帝，所以就借口“朝无正臣，内有奸恶”，起兵谋反，号称为“靖难”。战争一直持续了四年之久，朱棣取得了最终胜利，登上了皇位，随即将都城迁至北京，称明成祖，改年号为永乐。就在朱棣大军攻破南京城时，建文帝朱允炆在一场大火中下落不明。虽然朝廷宣称建文帝已经在大火中丧命，但是朱棣心里明白这只是为了安定民心的做法，建文帝实在是“不知所终”，甚至他一直怀疑建文帝已经出逃。这种推测自然让有“篡位”之名的朱棣不得心安，为了彻底除去建文帝卷土重来的可能性，他多次派人四处秘访建文帝的下落。郑和就是朱棣派出寻找建文帝下落的一支。近年来，有学者考证说，为了寻找建文帝，郑和不但下西洋，而且三次东渡扶桑，到日本去过。

第二种说法说寻访建文帝最多不过是郑和远航的一个附带任务，说他是“专程”寻找建文帝踪迹则不合情理。他们认为郑和的远航有军事目的。如《明史·郑和传》说郑和远航“欲耀兵异域，示中国富强”；近代学者梁启超说，郑和下西洋是“雄主之野心，欲博怀柔远人，万国同来等虚誉”；尚钺在《中国历史纲要》中也指出，郑和下西洋“大概是想联络印度等国抄袭帖木儿帝国的后方，牵制它的东侵”，从而保证明朝的安全。而以郑和航海时的巨大规模，势必也能够实现这个目的，因为在郑和远航的15世纪，世界范围内还少有如郑和船队那样大的规模和气势，船队所展示出的强大的军事实力足以震慑异域。

第三种说法认为郑和航海以经济目的为主。明成祖为了增加财源，弥补财政亏损，遂派郑和出海远航。史实表明，郑和的船队与其所到之处的居民开展了很多的经济贸易，不仅满足了明朝官方对外贸易上扩大市场的需求，而且沟通了西洋大国对明朝的“朝贡贸易”，收效甚好。并且有史料表明，明代的中国已经被纳入世界贸易体系，与亚洲、非洲的几十个国家都有贸易往来，不但明朝官府、周边国家，甚至连沿海官绅、百姓都从中获得了巨大的经济利益。鉴于这样总体的经济环境，说郑和远航是出自经济目的是有一定根据的。

第四种说法认为郑和航海以政治目的为主。朱棣知道自己有篡位的坏名声，所以在他登基后积极采取各种措施来塑造一个好君主的形象。郑和下西洋的巨大规模向外界展示了自己所统治国家的恢弘气势，这正是朱棣造成万国来朝的盛世局面以稳固政权的方式，并且也借此瓦解政敌势力。学者根据

△ 郑和船队

史料分析，郑和前三次航海，与东南亚、南亚沿海诸国建立了友好关系；后四次则向东亚以西的未知世界探访，开辟了新的航路，使海外远国都“宾服中国”。也就是说，郑和远航已经达到了朱棣的既定目标。此外也有人说，郑和下西洋是政治和经济的双重目的，是“一箭双雕”的行为。

第五种说法则认为上述的诸种说法都有失偏颇，他们认为郑和下西洋是有阶段性的目的。前三次的目的大致有三：一是追寻传说中逃往海外的建文帝的下落；二是镇抚海外的臣民，同时也是为了炫耀国威；三则是为了扩大海外贸易，沟通与南洋诸国的联系，保持南部海疆的和平。之后的四次下西洋，更多的则带有探险和猎奇的性质。朱棣是一个雄心勃勃的人，对南亚以西的未知世界很感兴趣，同时也想让他们对自己所统治的明王朝有更多的认识，因此派郑和开辟新航路，让海外诸国“宾服中国”。尽管有这么多关于郑和远航原因动机的推测，但是至今并没有真正的结果。

明宫“红丸案”的真相到底是什么

“红丸”又称红铅丸，是明代宫廷中特制的一种春药。据说，有个叫陶仲文的人本是个不起眼的守仓库的小吏，因献“红丸”有功，受宠于嘉靖皇帝，一跃而成为朝廷显贵。

“红丸”制法很特别：须取童女首次月经盛在金或银的器皿内，还须加上夜半的第一滴露水及乌梅等药物，连煮七次，浓缩为浆。再加上乳香、没药、辰砂、松脂、尿粉等拌匀，以火提炼，最后炼蜜为丸，药成。

据《明实录》载，嘉靖年间，为了配制“红丸”，前后共选少女1080人。嘉靖二十六年二月，从畿内挑选11～14岁少女300人入宫，嘉靖三十一年12月又选300人，嘉靖三十四年九月，选民间女子10岁以下者160人，同年十一月，又选湖广民间女子20余人，嘉靖四十三年正月选宫女300人。这些尚未成年的小姑娘，后来都成了嘉靖皇帝制药用后的“药渣”了。嘉靖这样无情摧残女子，简直毫无人性，终于引发了中国历史上一场特殊的宫女暴动。以杨金英为首的十几名宫女，义愤填膺，一齐上阵捺住嘉靖皇帝，用绳子套住他的脖子，拉的拉，压的压，想把他勒死……

尤其令人不可思议的是，两粒“红丸”竟要了皇帝朱常洛的命，酿成了明末三大疑案之一的“红丸案”。

事情是这样的：万历末年，朱常洛的太子地位已定。于是，阴险毒辣的郑贵妃为了讨好朱常洛，投其所好，选送了8个美女供他享用。朱常洛身体本不强健，此番又与这些女人淫乐，渐渐体力不支。登基仅十几天，就因酒色过度，卧床不起了。

可是，他并不节制自己，照样与这些人鬼混。一天夜里，为了寻求刺激，朱常洛服了一粒“红丸”，结果狂躁不已，狂笑不止，精神极度亢奋。次日早，侍寝的吴赞连忙请来御医崔文升诊治。崔文升不知皇帝是阴虚肾竭，还以为是邪热内蕴，下了一服泄火通便的猛药。结果，朱常洛一宿腹泻30余次，危在旦夕。这下子闯了大祸，朝廷上唇枪舌剑，吵声骂声不绝于耳。重臣杨涟上书，指责崔文升误用泻药。崔文升反驳说并非误用，而是皇帝用了“红丸”造成病重。

东林党人马上强调，不但崔文升用药不当，还拿“红丸”之事，败坏皇帝名声……病危之中的朱常洛，躺在病榻上，似念念不忘“红丸”，想要服用。鸿胪寺丞李可灼当即进了颗红色丸药，朱常洛服后，没啥动静。晚上，朱常洛又要求再服一丸，李可灼又进了一颗红色丸药。结果，不大一会儿，皇上就手捂心口，瞪着两眼挣扎了几下，就一命呜呼了。此时，朱常洛才即位30天，年号还没来得及制定呢！

两颗“红丸”一条人命，震惊朝野，酿成大案。那么：红色药丸到底是不是“红丸”？

它到底是什么药？

为什么在皇帝病重之时，进这种丸药？

崔文升和李可灼怎么如此大胆？

崔文升和李可灼有没有幕后指使者？

明末宫廷内党派斗争激烈，“红丸”一案，引起了党派更加尖锐的矛盾。有人认为，李可灼进的“红色丸药”就是“红丸”，是普普通通的春药。春药属于热药，皇帝阴寒大泄，以火制水，是对症下药。李可灼把春药当补药进上，只是想步陶仲文后尘而已，只不过他时运不佳……

有人认为，那红色丸药是道家所炼金丹。用救命金丹来对付垂危病人，治活了则名利双收，死了算是病重难救。李可灼很可能是这样想这样做的。

还有人认为，拿春药给危重病人吃，有悖常理。李可灼明知自己不是御医，病人又是皇帝，治出了问题，脑袋都保不住。为什么还这样大胆进药？况且，朱常洛纵欲伤身，亟须静养，怎么还用这虎狼之药？由此推断，李可灼必是受人指使，有意谋杀皇上。

再一追查，崔文升曾是郑贵妃属下之人。另外，李可灼是首辅方从哲带进宫来的，因此也要追查方从哲。方从哲想逃脱罪责，慌忙上书请求退休。可是退休之后，声讨他、要求严办他的书文还特别多。方从哲一面竭力为自己辩护；一面自请削职为民，远离中原。许多大臣为他开脱，也难了断。最后，一位刚入阁的、与双方都无牵连的大臣韩炉上书才平复了众议。李可灼被判流戍，崔文升被贬放南京，“红丸案”才算了结。

可是，“红丸案”还有余波。

天启年间，宦官魏忠贤当权，他要为“红丸案”翻案。于是，声讨方从哲的礼部尚书孙慎行被开除了官籍，夺去所有官阶封号，定了流戍。抨击崔文升的东林党人也受了追罚，高攀龙投池而死。

崇祯年间，惩办了魏忠贤，又将此案翻了回来。

崇祯死后，南明王朝又一次以此为题材挑起党争，直到明王朝彻底灭亡。

小小红丸，惹起的党争，简直是祸国殃民，后世不能不引以为戒。

李自成兵败后到底是战死还是出家做了和尚。

闯王李自成是明末农民起义的首领，关于他的功过是非在史学界已经有了比较深入和明确的结论，而关于他的归宿，却一直难有定论，好像一代闯王突然之间就销声匿迹了。

众多学者查考文献、走访实地、探掘坟墓，有的认为李自成是英勇不屈殉难沙场，也有人确信他是改头换面遁入了佛门；李自成之死，有自缢、被锄头砍死、死于夹山等数种说法；至于他殉难的地点更是众说纷纭，汇总起来大概有通城九宫山、通山九宫山、石门夹山等六七种说法。在这些说法中比较有影响力的大致有两种：一个是通山县九宫山之说；一个是禅隐夹山石门之说。

按照《清世祖实录》第十八卷中阿济格奏报中的说法，大顺军在清军的追踪下，先后撤离武昌、九江等七个地方，而后进入“九公山”（后经考证

“九公山”为“九宫山”之误），清军在山中四处搜寻李自成，始终没有找到，后来据一些投降或被俘的士兵讲，李自成和随身步卒二十余人，在小月山一带，遇村民围堵，脱身不成，自缢而死。传说李自成就是被村民程九伯砍死的。在康熙年间的《通山县志》中《人物·武勋》卷中有“程九伯”的条目，其中记载了他被收录的原因就在于他于顺治二年五月，在小源口结集众人围堵并杀死了“蹂躏烧杀为虐”的贼人之首。在《荒书》中又详尽描写了山民程九伯杀死李自成的经过，书称：李自成和随行近二十人退至通山县九宫山时，被当地山民发现，他们登山击石，群起而攻，李自成独自一人闯出包围，冒雨跑至小月山牛迹岭，在此遇到山民程九伯，两人展开肉搏战。李自成欲拔刀杀程九伯，无奈血水和雨水混杂，使刀难以拔出。千钧一发之际，程九伯的外甥金氏赶来协助，用锄头砍碎了李自成的头颅。查对程九伯的家谱《程氏宗谱》，在第三卷中也有“安思，字九伯，号南枝，于万历四十三年乙卯三月初九午时生，于顺治元年甲申剿闯贼李廷于牛迹岭下”。在《烈皇小识》第八卷所附何腾蛟的《逆闯伏诛疏》中记载有“闯王率二十余骑登上九宫山，遭遇伏兵截杀，死于乱刃之下”的说法。据说当年多尔衮因为只见到阿济格的奏报而没有亲眼看见李自成的首级，很是恼怒，曾经对李自成之死深表怀疑，但这种不满和怀疑也只维持了一年左右，后来他也明确批示：“英王谋勇兼济，立剪渠魁，李自成授首于兴国八功山。”可以说，在清代档案的查考工作中，特别是在多尔衮对李自成之死表示十分怀疑的时候，都没有发现一处记载李自成潜入夹山，隐迹为僧的说法或者推测。另外，从通山县各地发现的金石铭文、碑文史料等也都可以为李自成殉难九宫山提供佐证。1988年，位于湖北省通山县的李自成墓也经国务院批准核定为国家重点文物保护单位。

主张李自成禅隐石门为僧的学者同样能举出很多令人信服的实证。最具说服力的就是乾隆十一年至十八年间任湖南澧州写的《书李自成传后》一文，在文中他表明了自己亲自到夹山寺进行考证的结果，证实李自成就是寺中的奉天玉大和尚。他列举了几个论点：其一，是出家僧侣很少以“奉天”

为法号，一般来说，“奉天”是中国封建社会中表示秉承天命时常用的词汇，如发布诏令时常以“奉天承运”为起语，很多起义领袖也喜欢用“奉天”表示顺应天意民意；而佛教主要是崇佛，无所谓奉天，中国以及东南亚一带国家的各个宗派都不以奉天为法号。由此看来，奉天玉大和尚的法号很有可能是源于李自成“奉天倡义大元帅”和“新顺王”的称谓，文中认为其“奉天玉”和尚即“奉天王”之意，加点是为了避讳。其二，奉天玉和尚的画像不仅貌似《明史》中记载的李自成，而且据当时唯一一位亲眼见过奉天玉的老僧讲，奉天玉是陕西口音，与李自成相符。从位于夹山县夹山寺附近的奉天玉大和尚墓来看，其一墓三穴的墓葬格局与李自成家乡陕西米脂的习惯也相同。在《石门县志》的陵墓卷中也写着：“奉天玉墓，在夹山寺大路西坡……以奉天玉和尚即李自成，败后削发为僧……似确可信。”这些似乎都加强了奉天玉和尚与李自成闯王之间的联系。此外，从记述奉天玉大和尚的《重兴夹山灵泉禅院功德碑》、“奉天玉诏”的铜牌、奉天玉和尚留下的梅花诗，以及野拂和尚的相关文物和资料等都表明奉天玉和尚绝不是一个普通的和尚，他有过丰富的经历，曾经身经百战、功名显赫，甚至有过帝王的经历；而野拂与李自成之侄李过之间也存在着千丝万缕的联系。

以上只是两种关于李自成归宿问题的比较有代表性的说法，其实到现在为止，无论是殉难九宫山，还是禅隐夹山为僧，抑或是其他的一些说法都是建立在相关物证和主观臆测的基础上；而对于严谨的历史学研究来说，在没有直接、充分的资料和物证的情况下，是很难定论的。所以，关于一代闯王李自成的归宿问题，至今还是一个谜，期待着我们进一步的发掘和印证。

民族英雄郑成功是被毒杀的吗

民族英雄郑成功领导军民驱逐了外国侵略者，收复了台湾。仅仅过了五个多月，1662年6月23日（农历五月初八）就去世了，年仅39岁。

因为郑成功死得比较突然，五月初一发病，几天就死了，死前还曾登将台手持千里望远镜观望，对于他的死因，有的记载过于简略，许多记载说法不一，还有的叙述的情况颇为蹊跷，所以产生了种种猜测。

王钟麒《郑成功》一书写道："五月初八日庚辰，登台罢，冠带请太祖《太祖训》出，坐胡床进酒读，至第三帙，叹曰：'吾有何面目见先帝于地下也！'两手掩面而逝。"一般的记载说他初一感受风寒，但病情很快就恶化。同时代人李光说："马信荐一医生以为中暑，投以凉剂，是晚而殂。"林时对、夏琳等人描述他临终前的异常症状："骤发癫狂"、"咬尽手指死"；"顿足抚膺，大呼而殂。"到底他患了什么病不清楚，猜测也有各种各样。恶性疟疾、流感、肺结核病、癫狂症等众说不一。

有一种说法做了心理分析，认为这段时间接连发生了几件令他极痛心的事件，家事国事天下事使他精神遭到严重打击。一是永历帝逃到缅甸，去年九月被吴三桂俘虏，南明皇帝蒙难的消息传到了台湾。二是他父亲郑芝龙和家人亲属十一人在北京被清朝杀害。他曾经赋诗明志"最怜忠孝两难尽，每忆庭闱涕泗流"。噩耗传至，他中夜悲泣，"居常郁悒"。三是吕宋发生屠杀华侨事件。四是正当他患病时突然有人揭发其长子郑经与乳母陈氏通奸，郑成功大怒，下令斩郑经、陈氏和他们所生之子，以及郑经之母董氏。部将洪旭等大惊："主母、小主，岂可杀乎！"认为是郑成功患病导致下达了"乱命"，因此厦门、金门守将拒不奉命。得知金门、厦门诸将拒不执行他的命令时，心里极端怨恨，病情急剧恶化。接二连三发生的忧伤、悲愤、抑郁、暴怒，使他精神崩溃，再也支持不住了。

另外还有一种说法，从郑成功临终前的异常状况，和郑氏集团内部的矛盾斗争背景，怀疑是被人投毒谋害。这一推测主要依据是：首先，表现出中毒后毒性发作的症状，夏琳《闽海纪闻》里说：都督洪秉承调药以进，被郑成功投之于地，尔后“顿足抚膺、大呼而殂”。说明郑成功对中毒已有觉察，但为时已晚，已经无可救药。

其次，部将马信也随之很快地神秘死亡。马信是清朝降将，但郑成功对他很信任，郑成功去世的那天，他还推荐一位医生为郑成功治疗，当夜郑成功去世，第二天，也有人说第五天，马信也突然死了。据此猜测马信可能直接参与了谋杀郑成功活动，后来被人谋害灭口。

再次，推测是郑成功的兄弟郑泰、郑袭一伙策划的阴谋，乘郑成功盛怒之下命郑泰持令箭去监斩郑经等人造成父子对立的机会，谋杀郑成功，篡夺领导权。推测的理由：一是郑泰长期掌握着财政大权，他早就有异心，暗地里在日本存有白银三十万，准备将来为自己使用；二是在郑成功死后，立即捧郑袭上台，弟承兄业掌握政权，笼络一些将领，发布郑犯的罪状，并且迅速作了军事部署。以外，还推测是凶手在酒内下毒谋害郑成功，因为郑成功起初病不严重，登将台上望金、厦，看书饮酒，不肯服药，只有在酒里投适量的毒，才可能慢性中毒，七八天后发作引起死亡。但是，以上仅仅是根据各种疑点进行的猜测，并没有什么确凿的证据，所以也就不能武断地认定郑泰、郑袭是谋杀郑成功的主谋。

郑经挫败了郑泰、郑袭集团，接替父亲掌握了政权，虽然郑经后来设计杀死郑泰，却一直没有调查郑成功的死因，他当时没有解开这个谜，随着时间的推移，后人就更不容易破解这个疑案了。种种猜测，各有其理，孰是孰非，目前尚难定论。

顺治帝真的出家为僧了吗

顺治是大清国入主中原后的首任皇帝，后世传说他为了一个妃子，曾入家为僧。这是真的吗?

事情得先从一个叫董鄂妃的人说起。

董鄂妃复姓董鄂，她的父亲董鄂顺，满洲正白旗人，是一个有二品世职的男爵。她大约14岁时，被选入宫，配给了顺治的十一弟襄亲王博果尔。当时，清廷有个制度规定，宗室及亲王府中的贵妇人必须轮流入宫侍奉后妃。董鄂妃作为弟媳，自然也不例外。不料，竟被顺治一眼看中，闹出一场绯闻来。

原来，顺治的皇后和妃子都是太后的侄女。顺治不满意她们，根本没有感情，形同陌路。这次，和董鄂妃一见钟情，使他从孤寂愁苦的感情中解脱出来，一下子燃烧在忘我的恋情中了。据说，襄亲王申斥了董鄂妃，顺治竟因此狠狠地掴了他一个耳光。不久，襄亲王因羞愤而死。顺治遂把董鄂妃收入宫中，封为贵妃。

顺治自小登基之后，名为皇帝，实不掌权。先有雄才大略的多尔衮摄政，后有刚毅多谋的母后临朝称制，因此形成了喜怒无常、骄顽暴烈的脾性。而董鄂妃的贤良温驯、知书达理，似乎“以柔克刚”，二人竟情投意合，非常恩爱。顺治多次要废弃皇后，立她为后。第二年，她为顺治生下了第四子，乐颠颠的顺治帝把他称为“第一子”，并规定这个儿子为皇太子。为此，董鄂妃遭到了皇太后和皇后的敌视。过了三个月，这个太子夭折了，董鄂妃更受到皇太后的迫害，心情抑郁。不出三年，她也“忧劳成疾”而死。

△ 顺治皇帝像

至此，顺治心灰意冷变得悲愤交集，无心再理朝政。终于在半年之后，看破红尘，遁入空门。人们普遍认为，顺治帝情缘断绝之日，正是佛缘缔造之时，并有文证、事证、物证在。“文证”是说，顺治的儿子康熙，曾四次上五台山，目的就是探视他出家的父亲。“事证”是说，顺治生前信佛，爱佛入迷。曾请浙江报恩寺住持王林秀入宫，为自己取法名“行痴”，并制了个“痴道人”玺章。董鄂妃死后，他无比哀痛。10月的一天，他强令他的佛门师兄茆溪森给他落发为僧。其实，这之前已正式当了18天和尚了。

师父王林秀赶来一看，让皇帝当和尚，天下不容。祸闯大了。于是，把茆溪森架上柴堆，要施以火刑。顺治心知不怨茆溪森，不忍加害于人，只得答应蓄发还俗。并用一个太监替他出家，才结束了这场闹剧。

“物证”是说，康熙年间，两宫西狩，路经晋北，地方供给不了御用器皿，只得去五台山求借。借来的器物非常精致，非民间所有。人们认为，这肯定是当年顺治所用之物。

综上所述，许多人倾向认为顺治后来的确出了家，当了和尚。

令人称奇的是，还有病死一说，给“出家”说画了一个问号。

《王文靖集·自撰年谱》记载：顺治十八年元旦，朝臣应援旧例庆贺朝见，朝廷突然下令朝臣免见。然而，顺治却在养心殿破例召见了他，并赐座、赐茶。

第二天，他再次进宫，顺治与他进行了长谈，直到晚上才出宫。

初三日，顺治又在养心殿召见了他，并破例让他坐在龙床上，两人说话多时……

很多专家认为，这三天的密谈，肯定是绝密的大事。按说“立储”是件大事，但此时的顺治才24岁，身体康健，何必为“立储”而如此紧急磋商?

初六日夜，他又被顺治召入养心殿，顺治说：“朕患痘，势将不起，尔可详听朕言，速撰诏书，即就榻前书写。”他三拟诏书，顺治三次过目、钦点，直至第二日中午才算定稿。当天晚上顺治就去世了。

此集的作者王熙，是顺治最宠信的汉族大臣，他亲临亲见，应该是可靠的。但是他也曾说三次面君的内容关系重大，不敢在书中披露。

《青碉集》记载，正月初二，皇帝曾到悯忠寺观看太监吴良辅削发为僧仪式，初四九卿大臣到皇宫问安，方知顺治帝染病。初五，早朝的大臣们发现宫廷有些异样，庆祝春节的对联、门神已全部撤掉，整个皇宫笼罩在一派肃杀、惨淡的气氛中。初七晚，朝廷下大赦令，刑狱囚犯几尽一空，同时传令民间不要炒豆，不要点灯，不要泼水——这正是当时民间祈福天花患者的风俗。

顺治死后，继位者的选择是已经出过天花的康熙。这一切记载都表明顺治确实死于天花。然而，这可不可能是顺治精心策划的一场骗局呢?

在清东陵中的孝陵是顺治帝的陵寝，可是这里埋藏的不是顺治的棺木，而是一个骨灰罐！为什么和其他帝王的陵墓不同呢?

把“病死”和“出家”结合起来分析，应该是这样吧：顺治从小处于皇太后和多尔衮的重压之下，精神和心理都受到了严重的扭曲。不幸的婚姻给他带来无尽烦恼，而昙花一现的爱情给他带来极大的喜悦，然而也给他带来了无尽的哀怨，他的出家是完全可能的。

施琅到底是叛徒还是忠臣

施琅（1621～1696），字尊侯，号琢公，福建晋江人，自幼生长在海边，少年时代从师学剑，武艺超群。1646年，施琅与其弟施显投奔郑成功，参加了郑成功领导的武装。由于才干超群，没过多久施琅就成为郑成功最得力的将领。不过，战功卓著的施琅不小心触怒了郑成功，结果父子3人都被扣押起来。后来，施琅用计得以逃脱，但他父亲和弟弟却惨遭杀害。1652年，施琅投降清廷，立志打败郑成功，收回台湾，以报家仇。

人们常常遇到这样的疑问：说施琅背叛了明朝难道不是叛徒？他收复了台湾推进了统一中国的步伐怎么不是爱国的功臣呢？

有学者认为，要评价作为明清之际历史人物的施琅，首先不能站在明朝的立场上，更不能充当明朝的遗老遗少，要客观清醒地认识到清朝是中国历史上的一个重要王朝，满族是中华民族的一个重要成员。在此前提下，对施琅作出评价，就会比较客观，比较接近事实。

首先，来看看施琅叛变的大略经过。施琅青年时个性极强，常常与脾性相同的郑成功发生冲突。1651年，施琅因反对郑氏“舍水就陆”的战略方针和强征百姓粮饷的做法，与郑氏产生了尖锐的分歧。次年4月，施琅捕杀了手下一名改投郑成功的清兵曾德，然而曾德原在郑氏军中地位较高，虽一度隶属于施琅部下，无论犯法与否，也无论施琅是否已经解除兵权，施琅都无权擅自将他处斩。于是，郑成功盛怒之下便将施琅及其父施大宣、其弟施显投入牢中。施琅被捕后竟然奇迹般地逃到大陆，藏在副将苏茂家中，并请人从中调停。但郑成功非但不接受调解，反而派人前去刺杀施琅。行刺失败后，郑成功一怒之下于7月间竟把施大宣、施显处斩，将施琅逼上了投清之路。

施琅得知消息后，遂死心塌地投靠清廷，一意同郑成功为敌。

施琅降清后为实现统一台湾的理想进行了不懈的努力，他的爱国思想和行动可以从如下三方面加以评价：

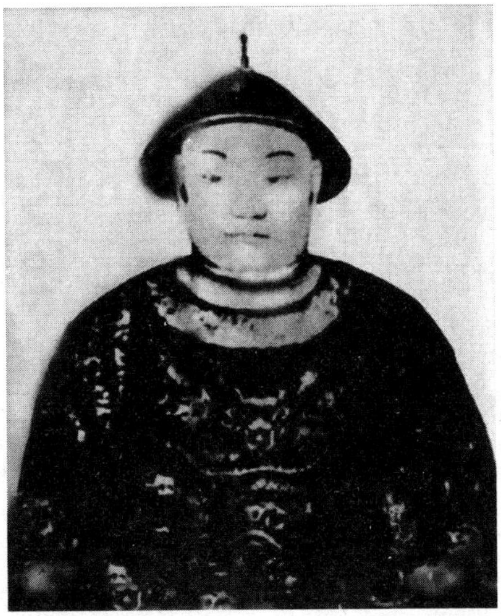

△ 施琅画像

第一，清朝平定三藩之乱以后，那时郑氏政权已无恢复明室的可能，只想保住台湾割据的局面。他们在与清朝的数次谈判中，多次要求“不剃发，执朝鲜事例”，“称臣纳贡”，“世守台湾”，“照琉球、高句丽等外国例，称臣进贡”。他们这种设想，从主观上看，未必意识到要分裂中国，但客观效果则不堪设想。如果清朝同意郑氏政权的要求，台湾这块自古以来的中国领土，就会在那时从祖国分割出去。而那时的康熙正好采纳的是大学士明珠的意见，决定先招抚，招抚不成，再动用武力。于是，在遣使与郑氏代表的谈判中，作出了很大的让步，即郑氏归顺清朝以后，可以在台湾居住，“保境息民”，但郑氏必须成为清朝臣民，台湾必须成为中国领土的一部分。对于这样的让步郑氏政权依然没有同意。不久，郑经病死，郑氏内部彼此争权，造成政局动荡不安。这时力主乘胜收复台湾的福建总督姚启圣认为，征台的时机已到，就向康熙帝再次奏请进取台湾，并推荐施琅任福建水师提督。此奏很快得到康熙的同意。

从以上史实不难看出，清朝用施琅征伐台湾，已不是民族战争的继续，更不是什么明清两个帝国之间的对抗（那时的明朝早已不存在，就连南明诸政权也早已相继结束），而是清朝要么统一台湾，要么允许台湾从中国领土上分割出去。

众所周知，清代奠定了现代中国疆域的基础，使统一的多民族国家得到进一步巩固和发展。施琅正是完成清初统一大业的重要历史人物之一，他在中国历史上的重要作用不言而喻。

第二，清军攻下澎湖以后，有人向施琅进言：“公与郑氏三世仇，今郑氏釜中鱼、笼中鸟也，何不急扑灭之以雪前冤？”施琅却说：“吾此行上为国、下为民耳。若其衔璧来归，当即赦之，毋苦我父老子弟幸矣！何私之有与？”他还向郑氏手下的人声明，“断不报仇！当日杀吾父兄者已死，与他人不相干。不特台湾人不杀；即郑家肯降，吾亦不杀。今日之事，君事也，吾敢报私怨乎？”施琅的胸怀由此可见一斑。

第三，收回台湾后，清廷内部发生了一场对台湾的弃留之争。许多大臣对台湾的历史、地理缺乏足够的认识，竟然认为台湾地域狭小，得到了不会增加领土面积，失去了也不会有太大损失，一开始就连康熙皇帝也这么认为。

众大臣中只有少数人主张守而不弃，其中包括施琅。在台湾弃留之争中，施琅挺身而出，力排众议，坚决反对放弃台湾，并奏请朝廷设官兵前去镇守。为此，他还专门给康熙写了《恭陈台湾弃留疏》，反复陈述台湾的战略地位的重要性，指出台湾是关系到江浙、福建等地的要害所在，如果弃而不守，必将酿成大祸。更可贵的是他高瞻远瞩地指出，如果放弃台湾不守，无论是荷兰人还是叛徒，随时可能乘隙而入，而台湾如果再次被外国侵略者所侵占，那时恐怕后悔都来不及了。在施琅等人的力争下，康熙很快改变了原来的主张，决定对台湾设官治理。

在施琅的故乡福建省晋江县施琅纪念馆中，有这样一副对联：“平台千古，复台千古；郑氏一人，施氏一人。”这是对郑成功和施琅功绩客观、完美的写照。至于施琅究竟是叛徒还是忠臣，自有后人评说。

雍正帝的嗣位有阴谋吗

康熙帝晚年，诸皇子之间嗣子之争异常激烈，1722年11月13日晚，康熙帝死于北京西郊畅春园，皇四子胤禛于20日登基即位，此即世宗（雍正皇帝）。雍正帝是如何得帝位的，成为清史上一大公案。

不少人认为，雍正帝是矫诏夺皇十四子允禵之位。在具体如何矫诏上，又有四种说法。一是改“十”为“于”说。胤禛在位时就有人说：“圣祖皇帝原传十四阿哥允禵天下，皇上将十字改为于字。”（《大义觉迷录》）雍正帝由此登上龙座。二是改“祯”为“禛”说。皇十四子允禵在康熙时叫胤祯，康熙帝遗诏传位给胤祯，胤禛改“祯”为“禛”，从而得天下。

有学者认为，以上两说难以成立，因为康熙帝遗诏应是用满文书写，用满语宣读，不可能被篡改。此外，按当时行文制度，在皇子称呼前一定有“皇”字，故在提到允禵时，应是“皇十四子……”改“十”为“于”则成“皇于四子……”显然弄巧成拙，且传位给谁，应用“於”字，“于”字在清代并不通用，在关系重大的遗诏中更不会用。还有，“祯”与“禛”虽字形相近，但改祯为禛，要不露痕迹恐也非易事，雍正帝不会用这种诏书去骗人。第三种矫诏说法，是流传民间的去“十”字说，康熙帝临终前，想传位给十四子允禵，但因说话时舌头蹇涩，当说到“十”字时，停顿一会儿，方才说出“四子”二字。这样，负责传旨的隆科多（时任理藩院尚书，领步军统领事，为胤禛心腹）就有机可乘，故意大声说道：“皇上有旨，诸皇子到园，不必进内，单召四皇子见驾。”隆科多有意漏说“十”字，胤禛轻易继承了帝位。与此相似另有一说：康熙帝病笃时，胤禛与诸皇子在宫门外问安，隆科多独受顾命于御榻前，康熙帝书“十四皇子”于掌心，俄而崩，隆

△ 雍正皇帝画像

科多抹去掌上“十”字，只留“四皇子”三字，胤禛得立。第四种矫诏说法是这样的：康熙帝病中降旨召允禵来京，谕旨为隆科多截隐，允禵不到，隆科多假造圣旨，立胤禛。第三、四种说法都与隆科多有关，有学者认为，隆科多既非内阁大学士，又非兵部主管，由他一手遮天干成矫诏立胤禛这一重大事件，是难以想象的。

除上述雍正帝矫诏夺位说外，还有雍正帝杀父得位的传闻，这于胤禛在位时已流传民间。《清朝野史大观》记载：康熙帝垂危之际，只胤禛一人随侍在侧，康熙帝欲召见朝廷重臣入宫托付后事，但无一人近前，心知有变，气急败坏，取下手腕上一串玉念珠掷向胤禛，不久传出“龙驭上宾”的消息。照此记载看，康熙帝弥留之际，与胤禛的关系已同水火，且令人自然联想到胤禛害父夺位一节。雍正朝文献《大义觉迷录》中记：圣祖皇帝（康熙帝）在畅春园病重，皇上（雍正帝）就进一碗参汤，不知如何，圣祖就崩了驾，皇上就登了位。有史家指出，当时皇十四子允禵将凯旋回朝，允禵即位几成定局，这就促使胤禛加紧夺位活动。1722年十一月初七，康熙帝患轻感冒，于畅春园息养，服药数日后，已基本痊愈。这时，胤禛进掺毒参汤，也有说隆科多在御用食品中下毒药，康熙帝服食后，中毒不省人事。接着，隆科多一面以军队控制局面；一面传假遗诏，宣布康熙帝传位给胤禛，局势遂不可逆转，胤禛取得了皇位。有学者认为，康熙帝被毒死一说是经不起推敲的。康熙帝一向怕被人暗算，戒备极严，且他对服人参本不感兴趣，他说：南人最好服药服参，北人于参不合，朕从前不轻用药，恐与病不投，无益有损（康熙朝《起居注册》）。因而在参汤中下毒害他实是难事。康熙帝死因更可能是年老体弱，患感冒后引起其他疾病并发，不治而死，故仍属寿终正寝。

另有许多学者认为，雍正帝是合法即承帝位的。胤禛自被封为亲王后，地位逐渐提高，康熙帝曾多次令他代办祭祀等重大活动，让他参与政务，还赐给圆明园和狮子园，并常去他的花园内游玩。康熙帝特别喜欢胤禛之子弘历，说弘历之母是“有福之人”，暗示帝位将由胤禛传至弘历。康熙帝晚年决意以胤禛为皇太子，并为保证胤禛安全即位，采取了一系列措施。这些措施包括：在向朝臣公开保证选定可靠之人继位的同时，对皇太子为谁秘而不宣，防止胤禛成为倾陷对象；派允禵西征，明为重用，实则放逐，避免允禵夺嗣捣乱；留隆科多于身边朝夕共处，隆科多手握禁军，可为继承之人保驾。《清圣祖实录》记载：康熙帝临终，将几位皇子和重臣召至御榻前说：“四子胤禛，人品贵重，深肖朕躬，必能克承大统，着继朕登基，即皇帝位。”萧爽《永宪录》记，康熙帝“以所带念珠授雍亲王”，以示胤禛即位的合法性。因而说雍正帝夺允禵位是不成立的，若康熙帝真想将皇位传给允禵，那么他把允禵长期滞留西北之举，就令人费解了。

看来，在发现更确切真实的史料之前，人们还是难以得知雍正帝嗣位内幕的。

雍正帝为什么会暴卒

1735年，8月23日凌晨，雍正帝猝死于京郊离宫圆明园内。关于他的死因，始终笼罩着一层神秘的纱幔，刚驾崩时，京师便谣言迭起，猜测纷纷，后世论者对其死因说法各异，终成一大奇案。

对于雍正皇帝的死，在《满清外史》、《清宫遗闻》、《清宫十二朝》等野史中也有记载，不过在这些野史著作中都认为雍正是被吕四娘刺杀而死的。要说明这种说法，还要先从雍正六年的文字狱吕留良案说起。清朝入关后，社会上依然存在着一股反清复明的秘密反抗运动。各地从与义师到秘密结社，用各种方法打击清廷。吕留良是清初具有民族主义思想的一位学者，在他的著作中蕴涵了大量的反清思想。到了雍正年间，也就是吕留良去世四十多年后。有两位读书人曾静、张熙读了吕氏之书，受其影响，忽然萌生了反清复明的想法。曾静当时是湖南永兴县的一名生员，在科举的道路上屡试不中，后来便一边参加科举考试，一边在本地教书，被人称为蒲潭先生。曾静平时读书的时候看到了吕留良宁可削发为僧也不赴清之荐举的事迹以及吕留良的《四书讲义》、《语录》等书中的“悖逆”文字。大受感动，于是一时心血来潮，自己也想做一名反清复明的斗士。他不仅这么想，而且还真的派了自己的学生张熙到吕留良家乡去访书。张熙在沿途道听途说了一些关于雍正杀父、逼母、篡位的传闻。并听说忠良岳飞的后人时任陕甘总督的岳钟琪都开始上书谴责雍正皇帝了。这些道听途说来的东西使得曾静感觉自己举旗反叛的时机已经来临。于是便同张熙一块儿写了一封策反信，前去策反岳钟琪。后来，张熙将这封署名为“天吏元帅”的策反信送到了岳钟琪的手中。岳钟琪看过之后，见信中全是一些大逆不道之词，惊讶万分。

△ 清西陵之泰陵

于是岳钟琪马上派人将张熙拘禁，经过审查张熙又供出了湖南的曾静，案情大白之后。岳钟琪慌忙如实上奏雍正帝。雍正皇帝十分震惊，于是便传谕浙江总督李卫捉拿了吕留良的亲族、门生，并销毁他的所有书籍著作。后来，雍正曾亲自写作《大义觉迷录》来为自己辩白，同时为了表明自己的“深仁厚泽”，他没有杀掉曾静、张熙，而是令两人到各地去宣讲《大义觉迷录》。但吕留良一家就没有那么幸运了。雍正亲自下旨说：“自古帝王之有天下，莫不由怀保万民，恩加四海，膺上天之眷命，协亿兆之欢心，用能统一寰区，垂庥奕世。盖生民之道，恨有德者可为天下君。……夫我朝既仰承天命，为中外全民之主，则所以蒙抚绥爱育者，何得以阵夷而有殊视？……乃逆贼吕留良好乱乐祸，私为著述，妄谓德佑以后，天地大变，查古未经，于今复见。而逆徒严洪逵等，转相附和，备极猖狂……朝议吕留良吕葆中俱戮尸枭示，严洪逵沈在宽皆斩决，族人俱诛殛，孙辈发往宁古塔给披甲人为奴。仰天下亿万臣民，凛垂为戒。”结果已死的吕留良被开馆戮尸，枭首示众；吕留良之子吕葆中被斩立决；吕留良的其他家人都被流放到宁古塔给披甲人为奴。其他刊印、收藏吕留良著作的相关人等也都分别被判以斩监候、流放、杖责等刑。吕留良案牵涉极广，但也留下了活口。

传说吕留良一族惨遭族诛之后，其女四娘被吕家的一个贴身童仆救出，逃到了深山老林之中。从此隐姓埋名，寻机为父祖报仇雪恨的机会。后来，吕四娘遇到了武艺高超的独臂神尼。在她的精心指导之下，吕四娘成为一名武艺高超的剑客。为了能够为家人报仇雪恨，吕四娘潜入京师。经过一番秘密的考察和打听，吕四娘终于弄清了雍正皇帝的行动规律。有一天，她得到密报说，雍正今晚要在圆明园过夜，圆明园防守比较松懈，吕四娘便飞檐走壁，跃入圆明园，找到了正在龙床之上熟睡的雍正皇帝，一剑就砍掉了他的脑袋。然后提其首级逃出宫外，远走高飞。天亮之后，宫中的太监见都到了下午了，雍正皇帝还没有起床。就叫来皇后，到雍正的寝宫一看，发现他已经身首异处死去多时了。于是，宫中一时大惊，谎称雍正病重，急召诸位王爷大臣们人宫，并封锁了雍正被杀的消息，只说雍正是突然得病去世了。还有传言说，雍正的棺木中收敛的是一个无头尸体。因为没有真的头，就给他做了一个金头。

当然，这只是野史小说中的一种传言，也有学者对这些传言提出过批驳。认为这种行刺之说纯属谣言。因为吕案发生后，他的家人都处于严密的控制之下，根本不可能有人漏网。此外，圆明园有皇帝在的时候，防守极为森严。吕四娘根本不可能穿过昼夜巡逻的卫兵，轻易地就进入寝宫，刺杀皇帝。

此外，还有一说认为，雍正皇帝是服丹药中毒而死。这些人通过细致研究雍正朝的起居后发现，雍正皇帝是十分崇尚方术的。雍正帝为了求得长生不老，在宫里蓄养了大批和尚、道士。他自己也十分地热衷占卜、求神等术数。甚至还常常用此来决定对官吏的任用和升黜。在雍正的《御制文集》中写下了不少歌颂神仙、丹药的诗。而且在政务之余，雍正还常常在道士和尚们的指导之下，研究炼丹、采苓、放鹤、授法等道家秘术。雍正为了求得长生之术，还经常服用道士们进献的丹药，在朝鲜的史籍中就有关于雍正帝沉迷方术，以至于病入膏肓，自腰以下不能动的记载。

另外，人们还从雍正的即位者，乾隆皇帝这里找到了一些证据。雍正皇帝死后仅隔了一天，也就是八月二十五日，乾隆皇帝就突然下了一道谕旨，驱逐圆明园中炼丹的道士们出宫。并对炼丹道士张太虚、王定乾等人说："若伊等因内廷行走数年，捏称在大行皇帝（指雍正）御前一言一字……一经访闻，定严行拿究，立即正法。"新君刚刚即位，雍正大丧未完，朝中有众多事务需要处理。乾隆别的事情不去做，而急着下令驱逐数名道士，这种做法确有奇怪之处。驱逐道士的同时，乾隆还另外降下一道谕旨谕令宫中的太监、宫女，不许妄行传说国事，"恐皇太后闻之心烦"，"凡外间闲话，无故向内廷传说者，即为背法之人"，"定行正法"。乾隆帝为什么不许宫中太监宫女们乱说，难道此间真的有什么不想为外人所知的隐情。联系前面乾隆对和尚道士们的处理，也许"中毒身亡"之说确实有几分可能。而且，后人把现代医学知识用来对比雍正死之前的症状，发现雍正皇帝死之前的症状与中毒而死的症状极为相似。

以上仅为流传较广的两种说法，至于历史事实究竟如何，还有待于史学界的进一步考证。

乾隆皇帝不是雍正皇帝的亲生儿子吗

读过金庸先生的武侠小说《书剑恩仇录》的读者都知道。在这部小说中的乾隆皇帝被描述成浙江海宁陈阁老的儿子。金庸先生这么写也并非空穴来风。因为，自清末以来，野史笔记和民间传说中确实都认为乾隆皇帝是海宁陈家陈阁老的儿子。由此，人们也就展开了关于乾隆皇帝身世的一番争论。

在《清朝野史大观》中的高宗之与海宁陈氏一文是这样记载的：雍正皇帝在还是皇子的时候，就与浙江海宁的陈家关系很好。有一天，恰好两家的夫人都在同一天生了孩子。只不过雍正家生的是一个女孩，陈家生的是一个男孩。后来，胤禛命人将陈家的孩子抱来看看，却悄悄地将孩子给掉了包，把陈家的男孩给换成了女孩。陈家后来发现了这件事情，但慑于雍正的权势，也没敢声张。后来，康熙驾崩之后，雍正即位做了皇帝，海宁陈家也由此变得飞黄腾达，满门公卿。后来，当年被雍正替换的孩子，也就是皇四子弘历在雍正驾崩之后，做了皇帝。对海宁陈家更为优待，自己也曾先后六次南巡江浙，去陈家拜访自己的亲生父母，并亲笔在陈家的宅堂题写了“爱日堂”和“春晖堂”两块牌匾。“爱日”一词，来源于汉朝杨雄《孝至》的一文，意思是儿子孝敬父母的日子。“春晖”一词来自唐代孟郊的《游子吟》中“谁言寸草心，报得三春晖”的诗句。后人常以春晖来比喻母爱。这两方匾额的题词内容都有儿子尊敬和孝顺父母的意思。于是，后人就认为，乾隆皇帝题下这两块牌匾就含有孝敬亲生父母的意思。

后来，据说雍正的那个被替换到海宁陈家的女儿长大之后被嫁到江苏常熟蒋家，蒋家为她修筑的小楼就名为“公主楼”。另外据《清代外史》记载，乾隆自己也知道自己不是满人，而是汉人。于是在宫中的时候经常穿着汉服，还问身边的宠臣自己是否像汉人。在许啸天的《清宫十三朝演义》中也认为乾隆六次下江南住在陈家的目的就是为了探望亲生父母。由此，人们认定乾隆帝也许确实是海宁陈阁老家的儿子。

但是，对于这种说法也有人提出异议。持反对意见的人也提出了自己的理由。根据皇室族谱《玉牒》的记载，在乾隆帝降生之前，雍正帝已经有了三个儿子。虽然，长子和次子都早早夭折了，但第三个儿子此时已经8岁。雍正也正当壮年，没有理由在有了儿子的情况下再偷偷摸摸地用自己的女儿去换陈阁老家的儿子。在《玉牒》上还清楚地记载着，康熙五十年辛卯八月十三日，孝圣宪皇后钮祜禄氏诞乾隆于雍和宫，而且乾隆帝对自己的生母还十分孝顺。他曾亲自侍奉皇太后三上泰山，四下江南求佛和游玩，多次陪母亲到避暑山庄避暑。皇太后晚年，乾隆特意用三千多两黄金做了一个金发塔，用来存放供奉母亲梳头时掉下来的头发。由此可见，乾隆是由雍正的夫人钮祜禄氏所生不假。

同时，学者们还对传说中的海宁陈家进行了考证。海宁是浙江钱塘江边上的一个小县。所谓的海宁陈家就是指陈世倌家。因为曾经入阁为官，所以被当地人称为陈阁老。陈家在康熙、雍正、乾隆三朝，仕途通达，多人官居高职，显赫一时。乾隆为什么六下江南，曾有四次住到海宁陈家的私人花园。其实，这也没有什么奇怪的。因为清朝自康熙年间起就开始修建钱塘江两岸的海塘，以减轻海潮对两岸人民的危害。乾隆即位后，对这项工程非常重视，趁着南巡之时前往修塘的前线视察也是应该的，那么既到海宁，总得有个合适的住所，浙江海宁是一个偏僻的小县，当时找不到比陈家花园更好的地方让皇帝住。陈家花园是海宁名胜，亭台楼榭，花木扶疏，自然就成为接驾驻跸之处。再说陈家花园离陈家住宅实际还有几里路远，乾隆在陈家花园住过四次，但对陈家子孙却一次也没有召见过，更谈不上“探望亲生父母”了。这个园子本叫做“隅园”，乾隆帝在居住之时亲自把它改名为“安澜园”。“安澜”即水波不兴之意，由此也可以看出，乾隆帝临视海宁，确实是为了巡视海塘工程。至于前面所提到的那两块匾额，陈家倒是确有此物，只不过根据史学家孟森的考证，这两块牌匾并非乾隆所题写，而是康熙皇帝写的。在《陈元龙传》记载了这件事情。一个是在1700年4月，康熙在政务之余召见群臣，一时兴致极好，就问“你们家中各有堂名，不妨当场写给我。我写出来赐给你们”。当时在康熙朝中做官的陈元龙奏称说：家父年逾八十，我曾想写“爱日堂”三字，以表孝心。康熙就给他题写了这个堂名。另一个是在1715年6月，陈元龙奏称自己的弟妹黄氏为侍奉公婆在家寡居四十一年，康熙为褒扬节孝，便题写“春晖堂”匾额赐给她。也就是说这两块牌匾根本就与乾隆没有关系。而且乾隆对陈世倌的态度也绝对不像是父子。据记载1741年陈世倌升任内阁学士不久，就因为起草谕旨出错，被乾隆当众斥之为“少才无能，实不称职”。如此言语，怎么会是父子关系呢?

此外，曾经将这段传说演绎成小说的金庸先生也曾亲自说过，《书剑恩仇录》中所谓的乾隆的弟弟陈家洛这个人物是他杜撰的，乾隆皇帝是海宁陈家后人的传说靠不住。

关于乾隆皇帝的身世，除了在是不是雍正的儿子上存在争议外，乾隆的生母是谁?出生地在哪儿?也存在不同的看法。

一种说法认为乾隆是由热河行宫里一个丑宫女在草棚里所生。传说有一年雍正随康熙到热河打猎，射倒一只梅花鹿，雍正喝了很多鹿血。鹿血有很强的壮阳功能，雍正喝后难以自持，就随便拉出一位很丑的李姓汉族宫女发泄一番。没想到这一番发泄竟然种上了龙种。第二年，雍正再次来热河的时候，听说李家女子怀上龙种，怕此事传出去坏了自己的名声，忙派人把她带到草棚，后来丑宫女就在草房里生下乾隆。

还有一种说法，乾隆的母亲是雍正的一个使唤丫头。这一说法来源于王闿运《湘绮楼文集》中的记载。他里面的“烈女传”记载了乾隆的一句话：“始在母家，居承德城中，家贫无奴婢，六七岁时父母遣诣市买浆酒粟面，所至店肆大售，市人敬异焉。十三岁时入京师，值中外姐妹当选入宫。……孝圣容体端颀中选，分皇子邸，得在雍府。”后来，这个丫头竟生下了乾隆。此外，民国时期的熊希龄，还提出了“乾隆帝之生母为南方人，诨名‘傻大姐’随其家人到热河营生”的说法。当然这些说法都只是一家之言，并不可靠。据清朝皇室族谱《玉牒》记载：“世宗宪皇帝（雍正）第四子高宗纯皇帝（乾隆），于康熙五十年辛卯八月十三日，由孝圣宪皇后钮祜禄氏、凌柱之女诞生于雍和宫。”也就是说乾隆皇帝是由钮祜禄氏生于雍和宫，即原雍亲王的府邸。乾隆也认为自己出生于雍和宫，他还曾经多次在诗或诗注中，暗示自己出生在雍和宫。

在《新正诣雍和宫礼佛即景志感》诗中，乾隆写道“到斯每忆我生初”。说明乾隆认为自己出生在雍和宫。1780年，乾隆皇帝到雍和宫礼佛，又说“十二初龄才离此，今瞥眼七旬人”。诗下还注明“康熙六十一年始蒙皇祖养育宫中，雍正年间遂永居宫内”。说明乾隆帝自己认为他生于雍和宫之中。但是，乾隆的儿子嘉庆皇帝却提出了不同的看法，乾隆朝官员曾任避暑山庄总管的管世铭曾有一首诗歌这样写道：“庆善祥升华渚虹，降生犹忆旧时宫。年年讳日行香去，狮子园边感圣衷。”并注明“狮子园为皇上降生之地，常于宪庙忌辰临驻。”也就说承德避暑山庄的狮子园才是乾隆皇帝的出生地。

此外，在嘉庆皇帝为乾隆所写的贺寿词《万万寿节率王公大臣行庆贺礼恭纪》中也提道“康熙辛卯肇建山庄，皇父以是年诞生都福之庭”。1797年，嘉庆又在《万万寿节率王公大臣等行庆贺礼恭纪》诗中提到“敬唯皇父以辛卯岁，诞生于山庄都福之庭”。也就是说，乾隆是在避暑山庄诞生的。

对于这些历史的疑点，现在已无法回到当时去考证。后世的学者们只能根据各种传世的文献材料进行推测。由于所依据的材料的差别，提出的看法自然也会有所不同。

慈安太后为何暴死

慈安太后（1837~1881）钮祜禄氏，满洲镶黄旗人。其父穆扬阿曾任广西右江道。1852年钮祜禄氏被封贞嫔，后来又加封为贞贵妃，她为人幽娴静淑，举止端庄，口舌木讷不善言辞，在众妃嫔中从不争宠，很得咸丰皇帝的尊重，不久就被咸丰帝立为皇后。

1861年，英法联军入侵北京，咸丰帝带着众妃嫔仓皇逃到热河避暑山庄。咸丰帝原来身体就不好，再加上惊吓和一路奔波，到承德后不久就病倒了。由于皇帝病倒，所以，除了奕䜣之外的王公大臣们都在热河伴驾。到了7月，咸丰帝的病情突然恶化。慌忙召亲王载垣、端华、肃顺、景寿、穆荫、匡源、杜翰、焦佑瀛等人觐见，嘱托后事。由于咸丰帝唯一的儿子载淳才刚满6岁，咸丰只好效仿太宗顺治命八人为顾命大臣"赞襄一切政务"。安排好后事不久，咸丰帝就驾崩了。咸丰死后，年方6岁的载淳继承了皇位，年号祺祥。遵奉刚满25岁的咸丰皇后钮祜禄氏为慈安皇太后，生母叶赫那拉氏为慈禧皇太后，也就是后人所称的东太后和西太后。

咸丰帝去世之前，既怕八大臣会谋权篡位，又怕慈禧擅权专政。于是，他一方面安排八大臣"赞襄"政务；另一方面又通过控制在两太后手中的"朱批"玉玺来牵制八大臣。据说咸丰还在世的时候，就发现慈禧为人心狠手辣，害怕她将来母以子贵，会擅权专政。八大臣之首的肃顺也曾极力劝咸丰效仿汉武帝杀钩弋夫人的故事除掉叶赫那拉氏，以防止后宫擅政。但咸丰念于感情，不忍下手。所以，咸丰崩殂之后，慈禧太后对于辅政的八大臣极为不满。为了能够独揽大权，慈禧太后联合咸丰帝的弟弟恭亲王奕䜣开始密谋一场宫廷的政变。按照祖制，咸丰帝死后，应该由咸丰帝的亲弟弟恭亲王奕䜣辅政，但是由于咸丰帝对他心存猜忌，奕䜣被排除在辅政大臣之外，因此他对八大臣辅政也极为不满。慈禧太后秘派自己的心腹太监安德海进京召恭亲王奕䜣借口奔丧前来承德商量。

同奕䜣商量好后，一场暗藏杀机的宫廷政变就悄悄地展开了。

八大臣理政后不久，御史董元醇忽然上折，要求请两宫皇太后垂帘听政。遭到肃顺等人的斥责。慈禧太后便借着八大臣要求处置董元醇的机会，到东太后慈安那里说怡亲王等人独断独行，批谕一切，似乎要发动政变，谋夺帝位。她们也应该加紧采取措施，争取自己垂帘听政。慈安太后本无意于垂帘，但被慈禧这么一说，以为真的是事态紧急，便同意拟了除掉八大臣的懿旨。

慈禧得到懿旨之后，便联合在北京的奕䜣。在回京的途中，逮捕了八大臣。宣布由自己和慈安太后亲自垂帘听政，并改年号为“同治”。慈禧虽然是皇帝的生母，但由于慈安曾经是正宫皇后，所以地位在慈禧太后之上。虽然，慈安太后生性平和，很少干涉政事，朝政大权实际上操纵在慈禧的手中，但这种地位的差别还是为她日后的命运埋下了一丝隐患。1881年4月8日，一向身体很好的慈安太后突然暴毙宫中，当时年仅45岁。由于慈安太后死得很急，死前没有丝毫征兆。宫廷的正史中对于慈安太后的死因又少有记载。因此，慈安太后死后不久，世人便开始议论纷纷，传出了有关慈安太后死因的多种说法。

一种说法，说慈安太后是因为和慈禧赌气自杀而死。据《清稗类钞》记载，祺祥政变之后，慈安与慈禧共同垂帘听政，执掌朝廷的大权。慈安因为天性平和，不喜欢多问政事，所以朝政实际上是处于慈禧太后一人的控制之下。但有一次，慈禧太后突然得了重病，不能处理政事。慈安太后便代替慈禧独自处理了一段朝政。但权力欲极强的慈禧太后，以为慈安太后这是要夺取自己手中的权力。便说慈安“诬以贿卖嘱托，干预朝政”，语言颇激，致使慈安气愤异常，恼恨之下，“吞鼻烟壶自尽”。

还有一种说法是，慈禧毒杀慈安说。这一说法有三个版本。一说见于恽毓鼎的《崇陵传信录》。说咸丰帝在热河驾崩之前，心知慈禧为人奸险，害怕她日后仗子为恶。便密书一道谕旨留给皇后，说："咨孝贞太后：懿贵妃援母以子贵之义，不得不尊为太后；然其人绝非可倚信者，即不有事，汝亦当专决。彼果安分无过，当始终曲予恩礼；若其失行彰著，汝可召集廷臣，将朕此旨宣示，立即诛死，以杜后患。钦此。"慈安同慈禧垂帘听政之后，相处得还可以。到了1881年的一天，慈安太后突然对慈禧提起咸丰末年的旧事，慈安对慈禧提起自己还秘藏着咸丰密诏之事。慈禧看后大惊，当即怂恿宅心仁厚的慈安将遗诏烧了。此后不久的一天，慈安正在荷塘边看金鱼，突然，慈禧身边的太监李莲英送来一盒点心，并说："这种点心，西佛爷觉得好吃，不肯独用，送一点给东佛爷尝尝。"慈安听了很高兴，当即尝了一块。谁知这天夜里慈安便暴病身亡了。这离慈安接见军机大臣才不过几个小时。更为奇怪的是慈安太后死后，并没有按照制度，先召军机大臣前来，再叫御医开方拿药，并由军机大臣检查方药，也没让慈安的家人进宫验视，而是暴毙之后接着就收殓入棺了。所以人们推测是慈禧在点心中下毒，毒死了慈安太后。怕别人知晓，才会这么做。

还有一种说法，说慈安因为杀掉了慈禧的得宠太监安德海，又抓住她和戏子私通，慈禧为遮蔽事实，便下毒毒死了慈安太后。这一说法在《清宫琐闻》等野史之上记载很多。说一次慈禧面前的得宠太监安德海出京替慈禧太后置办龙衣，因为按照清宫的成法，太监不许出京城一步，一经查出便立刻就地正法。可安德海恃着慈禧太后得宠，不仅大摇大摆地出京，而且还在沿途大为招摇，骚扰百姓。山东巡抚丁宝桢听到这个消息后，慌忙奏于东太后慈安和恭亲王。慈安太后看后大惊，说："这奴才如此妄为，还怎了得！应当以国法处置。"便让同治下旨斩了安德海。慈禧后来得知了这件事情，便开始怀恨慈安。再加上光绪帝即位之后，也喜欢与慈安亲近，令慈禧更加忌恨。

慈禧太后喜欢看戏，经常召当时的一位名伶进宫演戏。时间久了慈禧便看上了他，还留他在宫中过夜。有一天，慈安到慈禧宫里找慈禧，忽然看到有个戏子睡在慈禧床上。慈安看后大怒，当即将这位戏子处死。并拿出先帝留下的“若慈禧仗恃生子骄纵不法，可按祖宗家法处死”的诏书，要废掉慈禧。慈禧跪地求了很久，慈安才答应不再追究此事。但慈禧却一直为此事忐忑不安，生怕慈安哪天会不利于自己。于是慈禧让宫婢给慈安送去点心，慈安吃过后不久便暴卒了，连太医都没来得及叫。

另外，据清代文廷式的《闻尘偶记》记载：光绪八年的春天，琉璃厂有一位姓白的古董商，经李莲英介绍得幸于慈禧。当时慈禧46岁。这位古董商在宫里住了一个多月以后被放出。不久，慈禧怀孕，慈安太后得知大怒，召礼部大臣，问废后之礼。谁知慈安当夜即暴死宫中，据说是慈禧听说慈安要废自己，便先下手为强，设计毒死了她。

当然，这些版本众多的说法，都是民间野史笔记的记载。据官方正史朱寿朋的《光绪朝东华录》记载，慈安实际上是病死的。在此书中载有光绪七年三月十日所发的关于慈安染病的上谕：“初九，慈躬偶尔违和，当进汤药调和，以为即可就安。不意初十病情陡重，痰壅气塞，逐至大渐，遽于戌时仙驭生遐。”同时在《翁同龢日记》中也提到慈安太后生病的事情。说她于光绪七年一月发病，病症为疯痫甚重、神志不清、牙关紧闭、痰壅气闭。由此，后世的史学推测慈安太后可能是由于患了类似于现在的脑血栓一类的疾病，这一类疾病通常发病很快，在当时的医疗条件下，医生们往往看不出其中的原理，就会产生各种各样的推测。同时，这类心脑血管病发病时、有时会出现脸色发青，口吐白沫等类似于中毒的症状，这就更会引起人们的种种怀疑了。

慈安太后的死之所以会传出这么多的说法，主要是因为世人对慈禧的不满。即使慈安太后不是死得如此紧急，世人仍然会给慈禧安上其他罪名。当然，对于慈安的死，后人已经无法知晓其中的事实，所有的说法都只是后人根据某些材料的推测而已。

杨秀清是否逼封过万岁

太平天国运动是中国近代史上最大的一次农民起义，它建立了农民政权，开创了中国古代的许多先河，为近代史画上了一笔浓重的色彩，但同时，隐藏在它身上的秘密也十分多。

△ 杨秀清雕像

1856年秋，作为清末最大的农民起义运动——太平天国运动在建立政权后，发生了“天京内乱”。它以斩杀东王杨秀清开始，以斩杀北王韦昌辉和燕王秦日纲而终，1857年又产生翼王石达开率十万精兵出走天京的余波。关于这场内乱造成的后果，史学界已有公论：它严重削弱了太平天国的力量，使太平天国从此由兴转衰。这次内讧的导火索，传说是因东王杨秀清逼洪秀全封其为“万岁”之事。

杨秀清逼天王洪秀全封其万岁，从而导致天京大乱，史料多有记载。太平天国后期重要将领李秀成在其被俘后的供状里，曾说：杨秀清“过度要逼天王，封其万岁。那时权柄皆在东王一人手上，不得不封”。终于，杨“逼天王到东王府，封其万岁”。早在1854年前后就有人说，杨秀清企图取天王而代之。《贼情汇纂》中说：“秀清叵测好心，实欲虚尊洪秀全为首，而自揽大权独得其实，其意仿古之权奸，万一事成则杀之自取。”《金陵纪事诗》中有“秀清独断终图篡”的诗句。由此可推断，杨“逼封万岁确有其事但也有人持反对意见，认为杨秀清逼封万岁一事值得怀疑。

首先，太平天国官方史书对这件大事从未作过记载。直接谈到此事的太平天国将领有李秀成和石达开。李秀成的说法漏洞很大，难于成立。杨秀清在天京所谓“逼封万岁”时，李秀成正在句容、金坛和丹阳一带与清军作战，未亲临“逼封”之事，况且李秀成“时官小，不甚为是”，还不能直接参与诸王间活动，因之李秀成所谓“逼封”一事，应是从传闻中听说的，并不可信。李秀成在其供状中又载：“逼封”之后，“北、翼二王不服，密杀东王一人。”

这是明显失实。史载，是年五月底石达开在湖北洪山一带与清军激战，韦昌辉6月初在江西饶州、南昌等地，两人相距千里之遥，密议从何而来？此误也可证明李有关杨“逼封”之说，纯是听说传闻，不足为凭。

相反，《石达开自述》所记，却有几分可信。据石达开所记，证明韦昌辉在就督江西之前，曾借口要洪诛杀杨秀清，被洪斥责拒绝。洪秀全可能又在此时对韦昌辉说，要加封杨为万岁，后被韦篡改成“逼封”，并以此为口实，打着天王“密诏”的旗号，擅自斩杀了夙敌杨秀清。此说孤证不立，例如韦昌辉杀杨秀清后，洪秀全曾指责韦昌辉说：“尔我非东王不至此，我本无杀之意。”杨秀清死后，洪秀全在《赐西洋番弟诏》中说东王是“遭陷害”，并规定“东升节”等以追念杨，都可作为佐证。杨秀清的被害，是韦昌辉所为，杨秀清并无“逼封万岁”一事。

且后韦昌辉被杀，就有可能是因为他伪造了洪秀全的“密诏”，洪秀全恐其有反心，故又杀了韦昌辉。

民族英雄林则徐究竟是因病而死还是被害而亡

清道光时期，由于政治腐败，导致西方列强向中国销售大量鸦片，导致中国更加民不聊生。民族英雄林则徐为了遏制鸦片的猖獗，在1839年4月22日于虎门销毁了鸦片近两万箱。后人评价虎门销烟是我国近代史上反帝斗争中的光辉一页。这一壮举，维护了中华民族的尊严和利益，增长了中国人民的斗志。但也引发了鸦片战争，林则徐的命运由此急转直下，最后不明原因地死去。

林则徐（1785～1850），字元抚，又字少穆，晚号俟村老人、俟村退叟、七十二峰退叟。福建侯官（今福建福州）人。主要功绩是从英国手里收缴全部鸦片近2万箱，约237万余斤。于1839年6月3日在虎门海滩上当众销毁。林则徐也因而成为彪柄千秋的不朽人物。但是由此引发的鸦片战争，让林则徐被道光帝发配新疆，1845年，清朝又开始重新起用林则徐。1850年，清政府为进剿太平军，任命林则徐为钦差，赴任途中，1850年11月22日暴卒于潮州普宁县馆，终年66岁。林则徐的死，引起了很多人的注意，特别是关于他的死因，也出现了各种不同的说法。

一般的说法是因病死亡，这也是正史所载。《清史稿·林则徐传》说他是“行次潮州，病卒”。因为，林则徐本来身体就不是特别健康。他在遭贬新疆的时候，就患有鼻衄、脾泄疝气等多种宿疾。因为身处逆境，加上医疗条件又差，没有得到及时治疗。又加上他是南方人，不习惯大西北的饮食，使他的健康遭受了更大地损害，经常吐泻，有时甚至“昏晕难起”，而他又总是带病处理政务，这更进一步伤害了他的健康。1847年，林则徐由陕西巡抚擢为云贵总督以后，其体质每况愈下，又勉强支撑了两年，终因病情严重，不得不辞职回到侯官（今福州市）老家。

休养后的林则徐经过多方调治，健康状况有所好转，但多年的沉疴却难以彻底治愈。道光1850年6月，广西发生拜上帝会起义，经过几个官员阵压，都如火上浇油愈演愈烈。朝廷这才又想起林则徐来。清廷"迭次宣召"，林则徐都因病重未能成行。后来疾病减轻，但仍未痊愈，这次接旨到广西赴任，就是抱病上路的，由于得不到充分休息和有效治疗，使他的病情复又加重，接着又患了痢疾，但却没有得到很好地治疗，只顾一门心思赶路。

对此，林则徐的随员施鸿保以见证人的身份，在其《闽杂记·卷四》中详细记载道："公患痔漏久，体已羸，至是力疾起行，十一日抵潮州，复患痢，潮守刘晋请暂留养疾，不可。次日遂薨于普宁行馆。"这是有关林则徐死前见于文字的较早记载，这种说法被当时的官方认可，所以《清史稿》也采用了此说。

第二种说法是被洋商害死的。因为在林则徐死后不久，有人看见广州怡和楼的包间里，十三洋行总头目任绍荣的一名亲信，与一个名叫郑发的厨子嘀嘀咕咕，他们面前的桌子上摆放着一堆白花花的银钱。而这个郑发恰恰就是不久前跟随林则徐的那个厨子。人们就猜测是洋商买通了厨子毒死了林则徐。来给林则徐看病的医生发现他有明显的中毒症状，到了半夜，林则徐已是气若游丝，生命垂危。他对林聪彝断断续续地嘱咐了一些什么，又停了一会儿，忽然坚强地坐了起来，挺直身子，手指前方，口中大叫："星斗南，星斗……"而死。

那么，林则徐临终高呼的"星斗南"是什么意思呢？有人说在广州有一条街名叫"新豆栏"，用闽南话说，其发音就是"星斗南"。林则徐任禁烟钦差大臣时，清除过盘踞在这里的许多中外鸦片商人，对此印象极深。他离开广州之后，英国驻华公使欲带兵强行入城，因遭到当地民团和广大人民的抵抗，英人的图谋没有得逞；这些家伙接着以重价租下豆栏街数丈之地，求得居住上的方便，实际上仍然蓄谋扩大鸦片贸易。后来人们把这些鸦片商们居住的老窝，称为"新豆栏"。林则徐知道这件事后极为愤慨，临死也没有忘记这个地方。也正是这些鸦片商们用重金买通了厨子，将巴豆汁掺入稀饭，以暗杀的手段害死了林则徐。

还有一种说法是，林则徐临终前大呼“星斗南”是他对星相的极大忧虑。林则徐的随行师爷刘存仁在途中曾写过一首《过海阳即事诗》，其中有这样两句：“昶日初升消瘴疠，天河力挽洗搀枪。”他在句下自注说：“西南角大星，光芒甚露。”由此可见林则徐在赴任途中看见有一亮星照耀，以为是“乱民”兴旺的兆头，身负重任，系念粤西的林则徐暗记在心，既有所感，口便大呼，以此寄托出师未捷身先死的憾恨。尽管此说迷信成分很重，却能符合林公逝前力竭大呼的情理。

另外，林则徐的次子林汝舟在《致陈子茂书》中谈及其父的死因说：其父赴任上路后没有把病放在心上，自十月初九至十二日，他躺在轿中催着赶路，没有顾上吃药。不料，其吐泻现象一日比一日加重，不得已于十二日、十三日两天连服“中和之剂”，病情得到了暂时的控制。按说此时应休息几天再走，但林则徐唯恐误了朝廷的大事，不敢在途中耽搁，仍然坚持赶路，到普宁后觉得“胸次结胀”，“痰喘发阙”，过去的心肺旧病也一起复发，林则徐这才被迫停了下来。医生一看，见是“两脉俱空，上喘下坠”，一下慌了手脚。本应先医脾胃虚寒，却开出了“参桂重剂”的处方，并且“连进参剂”，林公服药后咳喘加剧，又吐又泻，再服其他药物，一直未能奏效，几天之后就去世了。这种说法应该可信。

珍妃是被慈禧害死的吗

珍妃，满洲镶红旗人，生于光绪二年（1876）二月初三、礼部左侍郎长叙之女。其祖父为陕甘总督裕泰，伯初三、礼部左侍郎长叙之女。其祖父为陕甘总督裕泰，伯父长善为广州将军。珍妃与姐姐瑾妃自幼跟随伯父在广州长大。珍妃、瑾妃姐妹年幼时曾随清末著名的学者、诗人文廷式读书，精通诗词歌赋，是满族人家中少有的才女。

1888年10月，秀女大选，慈禧太后选了自己的娘家侄女叶赫那拉氏做光绪帝的皇后，漂亮的珍妃姐妹也一块儿被选入宫中，做了光绪皇帝的嫔妃，为九等宫女序列中的第六等。珍妃入宫之后很受光绪帝的宠爱，1894年，被加封为珍妃。

关于珍妃的事迹在宫廷档案和清朝正史中都鲜有记载，《清史稿》中仅以，“恪顺皇贵妃，他他拉氏，端康皇贵妃女弟。同选，为珍嫔。进珍妃。以忤太后，谕责其习尚奢华，屡有乞请，降贵人。逾年，仍封珍妃。二十六年，太后出巡，沉于井。二十七年，上还京师。追进皇贵妃。葬西直门外，移之崇陵”等数言概之。至于，珍妃最终为什么触怒了慈禧太后，又是怎么投井而死，都没有明确的历史记载，导致后人在珍妃死因的问题上众说纷纭，莫衷一是。

百余年来，在文学故事、影视荧屏上最为流行的说法是：珍妃的死，一方面是因为她在光绪皇帝面前得宠，引起了慈禧的侄女隆裕皇后的嫉恨。但最主要的原因是因为她在戊戌变法期间，深明大义，坚决支持光绪变法维新，触怒了顽固保守的慈禧太后。慈禧太后一怒之下，将其幽禁到冷宫之中，庚子事变，慈禧出逃西安前夕，怕珍妃年轻受辱，没了皇家的面子，便

△ 珍妃

让太监将她推入宫中的井中淹死。

光绪皇帝大婚之后，娶了一后二妃。皇后隆裕仗着自己是慈禧太后的亲侄女，经常拿慈禧来压制光绪。光绪原本就打心眼里讨厌慈禧，隆裕这么做，非但未能得到光绪皇帝的喜爱，反而使得光绪连她都讨厌起来。从此隆裕皇后彻底在光绪面前失宠，光绪成年甚至累月不踏进坤宁宫一步。与皇后的跋扈嘴脸相比，珍妃姐妹天真可人而又活泼伶俐，常常想出一些新颖的点子来逗光绪开心。光绪皇帝也着实从心里喜欢这对小姐妹，整天同她们待在一起。隆裕皇后看在眼里，气在心里。经常跑到慈禧面前说珍妃的坏话。有一次，隆裕为了找珍妃的麻烦，勾结太监总管李莲英，让他指使珍妃宫内的小太监，把一只男人鞋子偷偷放在珍妃的床下。事后，自己又亲自带了几个人到珍妃宫中搜查。搜出鞋子后，隆裕诬蔑珍妃和外边的男人有奸情，要予以严处，光绪不许。隆裕便哭闹着告到慈禧太后面前。光绪心知这是隆裕故意设计陷害珍妃，便谎称鞋子是自己放在那里的。一场宫廷风波才最终得以避免。珍妃年纪小，不太懂宫里的规矩，为了讨光绪皇帝的欢心，她经常换上男人的衣服在光绪皇帝面前走动。珍妃还十分喜欢照相，有一次，她通过宫里的外国人弄到一部相机，在宫中使用，自己还换上光绪的龙袍，照了许多女扮男装照。慈禧闻知后大发脾气，训斥珍妃在宫中随意玩弄妖术，女扮男装不成体统。并派人将珍妃宫的女扮男装照悉数搜来销毁。珍妃还为此受到慈禧太后的严重责罚。

1898年光绪皇帝在维新人士的支持之下开始实行维新变法。珍妃积极支持光绪变法维新。除在光绪左右出谋划策外，还积极参与其中。珍妃劝说老师文廷式和堂兄志锐上疏弹劾李鸿章的心腹御史杨崇伊，引起李鸿章等人对她的嫉恨。杨崇伊便在慈禧太后的面前诬奏珍妃企图在文廷式、堂兄志锐等人的支持下取代隆裕为后，还要支持光绪皇帝自主朝纲。这正好触及了慈禧太后的痛处。慈禧很快以“交通宫闱，扰乱朝纲”治罪，将文廷式罢官革职，永不录用；志锐也被贬谪边疆。珍妃和瑾妃姐妹也因此受到梃杖的责罚，并从贵妃降为贵人。

戊戌政变之后，慈禧重掌大政，将光绪皇帝囚禁于中南海瀛台，珍妃也被慈禧贬入冷宫。珍妃被关入冷宫之后，生活十分凄惨。她被幽禁于一个不满几十平方米的小屋子内，不许出门一步。吃喝都是由宫女从门洞中送进来的残羹冷饭。不仅如此，她还经常受到慈禧派来的老太监的责罚。1900年8月初，八国联军兵临北京城下，慈禧太后被迫出逃西安。她不敢让被囚禁的光绪皇帝留在北京，怕他会在维新党和洋人的支持下夺取自己的大权。便挟持光绪皇帝一块儿出逃。临行前，慈禧怕留下年轻的珍妃惹出是非，便命太监将她从被幽禁的景祺阁北小院叫出来。珍妃见大敌当前，慈禧反而要带着皇帝出逃，便大声说：“皇上应当坐镇京师，不能走。”并出言顶撞了慈禧。慈禧听后顿时大怒，骂道：“这个畜生实在该死。”并对身边的太监总管崔玉贵说：“把她塞到井里去！”光绪皇帝跪下求情，慈禧也置之不理，转身命崔玉贵赶快执行。就这样珍妃被崔玉贵推入慈宁宫后面贞顺门的井中淹死了。当时年仅25岁。

两年后，经过一番割地赔款的和议，八国联军从北京撤走。慈禧太后带着光绪帝从西安返回北京，见珍妃所投之井依然如故，便命内务府将珍妃从井中捞起，装殓入棺，随后葬于阜成门外恩济庄内务府太监公墓南面的宫女墓地。为了遮掩当年的暴行，慈禧还假惺惺地下了一道懿旨：“上年京师之变，仓促之中，珍妃扈从不及，即于宫闱殉难，询属节烈可嘉，加恩着追赠贵妃。以示褒恤。”

△ 光绪皇帝与珍妃

以上说法是真的吗？根据商衍瀛先生的考证，珍妃并不是因为支持光绪皇帝变法得罪慈禧太后，被沉井而死；而是因为贪赃枉法的缘故，才被慈禧太后处置的。他根据宫里的太监所述的《珍妃之死》及光绪时进士、吏部主事胡思敬所著的《国闻备乘》等材料，发现珍妃确实有贪赃卖官的记录。

因为珍妃得宠于光绪皇帝，在宫中也有一定的势力。由于珍妃生活比较奢侈，经常导致自己的例银不够花，有时还会出现大量的亏空。根据清宫的制度，皇妃一年的例银也就三百多两。这么少的钱根本就不够珍妃挥霍的。她为了弥补用度的不足，便仗着自己得宠于光绪的机会，勾结胞兄志琮和奏事处太监收受外官贿赂，甚至公开标价卖官。据说有个叫鲁伯阳的人，为了求得一个“上海道台”的官职，一次就送给珍妃黄金四万多两，惹得外边的大臣们议论纷纷。珍妃不但不知收敛，反而又于光绪二十年四月，收了一个叫玉铭的人的几万两银子，替他谋求“四川盐法道”这个官职。依照清朝的制度，这一级别的官员在放任之前，都要先接受皇帝的召见。光绪在召见玉铭时，命他将自己的履历写出，谁知玉铭竟然是一个连字都不会写的无用之徒。光绪见状大惊，随即下了一道圣旨：“新授四川盐法道玉铭，询以公事，多未谙悉，不胜道员之任。玉铭着开缺，以同知归部铨选。”后来，这件事情传到了慈禧太后的耳中，令光绪皇帝严究此事。经过查究，光绪才知晓此事竟然是珍妃所为。根据清朝的规矩，后宫是不许干政的。这件事情的处理，据胡思敬的《国闻备乘》记载：“初太后拷问珍妃，于密室中搜得一簿，内书某月日收入河南巡抚裕长馈金若干。”慈禧见后大怒，责光绪予以严处，光绪不得已，于10月29日下旨：“朕钦奉慈禧皇太后懿旨，本朝家法严明，凡在宫闱，从不敢干预朝政。瑾妃、珍妃承侍掖廷，向称淑慎，乃近来习尚浮华，屡有乞请之事，皇帝深虑渐不可长。据实面陈，若不量予警戒，恐左右近侍借以为夤缘蒙蔽之阶，患有不可胜防者。瑾妃、珍妃均着降为贵人，以示薄惩，而肃内政。”那些同珍妃一块儿卖官的太监也都受到了严厉的处罚，掌案太监王俊如被就地正法。珍妃所居的景仁宫的太监很多也被内务府慎刑司杖责而死。珍妃的堂兄志琮惧祸逃到了上海，家产被抄。珍妃则被幽闭于宫西二长街百子门内牢院。由此可见，珍妃被幽禁并不是因为参与变法，而是因为卖官枉法。

关于珍妃的死，最近也有一种新的说法提出。据隆裕皇后的后人回忆，珍妃并不是被慈禧太后害死的，而是她自己跳井而死。1900年，八国联军兵临北京城下，慈禧太后决定带着光绪等人一块儿出逃西安。临行前她让太监放出被幽禁的珍妃，要她到娘家躲避。珍妃不服从慈禧的安排，非要跟随光绪，并顶撞了慈禧太后。慈禧太后一气之下，抬脚就走。珍妃见太后不理。便跑到井边说：“我活着是皇家人，死了是皇家鬼。”说完便跳了下去。慈禧等人急着出逃，也没管她。直到从西安回来后，才派内务府给珍妃处理了后事，并下诏追封。

以上几种说法，都各有依据。没有新的证据，恐怕谁也断不出个谁是谁非！

光绪皇帝是被害死的吗

1908年11月14日傍晚，38岁的光绪皇帝载湉在被囚禁的中南海瀛台涵元殿驾崩。他死后的第二天下午，掌握了他一生一世的慈禧太后也在中南海仪鸾殿去世。两位冤家似的人物死的时间竟然如此相近，是巧合，还是另有内幕？由于光绪帝生前曾遭到慈禧太后的囚禁和折磨。于是人们对于光绪皇帝的死因议论纷纷，提出各种各样的说法。

据说慈禧太后临死前不久，神志仍然十分清醒。曾接受军机大臣张之洞的建议，连发几道上谕。立摄政王载沣之子溥仪入承大统为嗣皇帝。封醇亲王载沣为摄政王。当天，慈禧太后便开始发病。第二天，光绪皇帝便于酉刻崩于瀛台之涵元殿。慈禧太后便又下谕“溥仪承继毅皇帝为嗣，并兼承大行皇帝祧”，由于“嗣皇帝尚在冲龄，正宜专心典学，着摄政王载沣为监国。所有军国政事悉秉予之训示，裁度施行”。谕旨发出去不久慈禧太后便归天了。由于她和光绪皇帝的死期如此相近，光绪死前后慈禧又作了关于储君的安排。所以人们便开始怀疑光绪皇帝先于慈禧太后一天猝死并不是历史的巧合。而是慈禧在临死之前，自知自己将要不行了，害怕光绪帝在她死后会重掌朝政。于是，便令下诏安排好嗣君后，派人将光绪帝害死。在恽毓鼎的《崇陵传信录》以及徐珂编写的《清稗类钞》中就是持这种观点。

光绪皇帝从小就在慈禧的淫威下长大。据《满清野史》记载：光绪虽然是九五之尊，但整天吃的也是一些“久熟干冷”的馔品，有些食物甚至都“半已腐臭”。有时候光绪皇帝想要御膳房换一些可口的饭菜，慈禧就“辄以俭德责之”。光绪长大之后，也没有什么自由，虽然名义上是个皇帝，但实际上朝政却把持在慈禧太后的手中，自己根本不能做主。甲午战争之后，

△ 光绪皇帝

光绪皇帝在亲信大臣的支持下具有了一定的实力，于是宫廷之中便出现了所谓的“帝党”和“后党”之争。戊戌变法时期，两党之间的矛盾达到了白热化的程度。后来，慈禧太后发动政变，囚禁了光绪皇帝，罢黜了支持光绪皇帝的官员。自己重新独揽起朝廷大权。此后，慈禧太后一度想废掉被囚禁的光绪皇帝，连即位的人都选好了，只因为外国人不支持。慈禧太后怕引起外国干涉才将此事作罢。但对被囚禁的光绪皇帝她则是百般凌辱折磨，致使光绪的健康状况极度恶化。1908年，慈禧太后病倒，据说光绪皇帝听说了慈禧的病讯之后，还曾面露喜色。这件事情很快传到了慈禧的耳朵中，慈禧害怕自己一死，光绪就会掌权报复自己，于是便想办法害死了他。至于慈禧到底是如何害死光绪的，历来有两种说法。

一种是著名的历史学家启功所说。说慈禧用下了毒的酸奶毒死了光绪。据启功先生说，他的曾祖父当时为礼部尚书。作为主管礼仪、祭祀之事的最高官员，在西太后临终前他要昼夜守候在她下榻的乐寿堂外。西太后得的是痢疾，所以从病危到弥留的时间拉得比较长。就在宣布西太后临死前，启功先生的曾祖父看见一个太监端着一个盖碗从乐寿堂出来。出于职责，他就问这个太监端的是什么，太监回答说：“是老佛爷赏给万岁爷的塌喇。”“塌喇”在满语中是酸奶的意思。光绪在中南海的瀛台，之前也从没听说过他有什么急症大病。但送后不久，隆裕皇后的太监小德张就向太医院宣布光绪皇帝驾崩的信息。随后，这边就传出慈禧太后去世的消息。由此，后人推测，一定是慈禧太后命人在那碗“塌喇”里下了毒，毒死了光绪。此外据一位名叫屈桂庭的医生说，他过去曾亲自为光绪帝治过病。他说在光绪三十四年十月十八日最后一次进宫为光绪帝诊病时，发现光绪帝本已逐渐好转的病情却突然恶化，在床上乱滚，大叫肚痛。三天之后，光绪帝就去世了。这就更证明了光绪有可能是被慈禧太后等人毒死的。

另外，还有一种说法，不是慈禧而是李莲英害死了光绪。据《清室外记》记载："皇帝殡天之情形及其得病之由，外人无由详知，唯藏于李莲英辈之心中。关于太后、皇帝同时而崩，北京城中，言人人殊，然欲查其原因，则实毫无线索。但日处忧城之中帝，一旦再操大柄，自为李莲英辈之不利。可以断言，当日颐和园中之事，或为太后所不及知者。据当时目击者论之，此亦情势所可有。"也就是说慈禧太后的亲信太监李莲英等人，平日里狗仗主势，经常中伤和作弄光绪帝。他们怕在西太后死后光绪再操权柄，会不利于他们，所以就先下手为强，在西太后将死之前，先将光绪帝害死。这一说法同时为英国人普兰德所著的《慈禧外传》和德龄所写的《瀛台泣血记》等书所认同。德龄以身经历认定光绪皇帝就是被李莲英害死的。书中写道："李莲英眼看太后的寿命已经不久，自己的靠山，快要发生问题了，便暗自着急起来。他想与其待光绪掌了权和自己算账，不如让自己先下手的好。经过几度筹思，他的毒计便决定了。""近来奴婢听许多人说，万岁爷的身子很不好"……"奴婢愿意瞧瞧他看，或者可以使他的身体好起来"……就在李莲英说过这一番话的第二天，光绪便好端端的也害起很厉害的病来……只有光绪自己心里是明白的，他料定必是给李莲英在饮食里下了毒，存心要谋杀他。

此外，溥仪在《我的前半生》一书中又提出了另一种说法，说是袁世凯毒死了光绪皇帝。袁世凯在戊戌变法时辜负了光绪的信任，在关键时刻出卖了皇上。袁世凯担心一旦慈禧死去，光绪重新掌权，自己将死无葬身之地。于是便借进药的机会，暗中下毒，将光绪毒死。这种说法，在当时宫内太监中间流传很广，溥仪在《我的前半生》一书中就记载了这一说法，说：光绪皇帝在死的前一天还是好好的，只是因为用了一剂药就坏了，后来才知道这

△ 戊戌变法失败后，光绪皇帝被关在中南海瀛台

剂药是袁世凯使人送来的。按照常例，皇帝得病，每天太医开的药方都要分抄给内务府大臣们每人一份，如果是重病还要给每位军机大臣一份。据内务府某大臣的一位后人告诉我光绪皇帝死前得的不过是一般的感冒，他看过那些药方，脉案极为平常，加之有人前一天还看到他和好人一样站在屋里说话，所以当人们听到光绪病重的消息时都很惊异。更奇怪的是，病重消息传出不过两个时辰，就听说已经“晏驾”了。由此可见，溥仪认为是袁世凯毒死了光绪帝。

上面的这些说法，都认为光绪帝是被人害死的。因为这一疑案是发生在皇宫内廷，外边的人就更难以知晓真实的内幕，所以数十年来这一疑案始终悬而不决，众说纷纭。

20世纪30年代，光绪皇帝的陵墓被军阀炸开，后来有人对光绪皇帝的遗体进行过研究，却并未发现中毒的成分。由此光绪皇帝的死因变得更加离奇。最近，有人根据宫廷档案的记载，对光绪皇帝的死因进行了研究。最后竟然惊奇地发现光绪皇帝其实是病死的。他和慈禧太后先后而死，并没有什么内幕消息，只不过是历史的巧合而已。

学者们通过分析档案馆所藏的清宫脉案中光绪皇帝的病案，发现光绪皇帝自幼多病，且有长期遗精病史，身体素质甚差。光绪帝自己所写的《病原》中也说："遗精之病将二十年，前数年每月必发十数次，近数年每月不过二三次，且有无梦不举即自遗泄之时，冬天较甚。……腿膝足踝永远发凉……稍感风凉则必头疼体……其耳鸣脑响亦将近十年……腰腿肩背沉……此病亦有十二三年矣。"光绪帝成年以后，依然是经常生病，据光绪二十五年正月初二的《脉案》记载："皇上脉息左寸关沉弦稍数，右寸关沉滑而数，两尺细弱，沉取尤甚。面色青黄而滞，左鼻孔内肿痛渐消，干燥稍减，时或涕见黑丝……进膳不香，消化不快，精神欠佳，肢体倦怠……下部潮湿寒凉，大便燥结，小水频数，时或艰啬不利等症。本由禀赋虚弱，心脾欠虚，肝阴不足，虚火上浮，炎及肺金，木燥风生而动胃火使然。"1908年三月初九，御医曹元恒在《脉案》中写道：皇上肝肾阴虚，脾阳不足，气血亏损，病势十分严重。看来光绪皇帝的病并非是一日所得，而是从小就留下了病根子，并逐渐变得越来越严重。据曾经为光绪皇帝看过病的江苏名医杜钟骏说："我此次进京，满以为能够治好皇上的病，博得微名。今天看来，徒劳无益。不求有功，只求不出差错。"由此可见，其实医生们早就料定光绪的病早已是不治之症。并非是野史上所说的光绪帝平时没有得病的迹象，突然暴死。按照《脉案》的记载，光绪皇帝应该是久病而死。

当然，《脉案》也并不是没有伪造的可能，不过相对于野史笔记来说，它的可信度应该是更高一些。

李莲英究竟是真太监还是假太监

作为清末宫廷的首席太监，李莲英和他的“主子”慈禧太后一样，有着太多的故事和太多的谜。不过，人们提起他最容易想到的是：他究竟是不是真正的太监？之所以会有这样的猜测，是因为他与守寡的西太后慈禧之间的主奴关系非同一般。他不但多年担任清宫的总管太监，还被特赐二品顶戴，超过清朝祖制太监最高品级为四品的规定，而且还经常得到慈禧太后的一些特殊的恩典。

李莲英机敏聪明、干事麻利，善于察言观色，侍候西太后体贴入微。得幸后更是小心谨慎，不恃宠而骄、胆大妄为。西太后日益宠爱李莲英，几年间宠眷不衰，形影不离。

据说，西太后和李莲英一同并坐看戏，凡是李莲英喜欢吃的东西，西太后多在膳食中替他留下来。李莲英40岁寿辰，西太后赏了他大量的珍品、蟒缎、福寿御字。由于西太后的宠爱，以至于军机大臣和封疆大吏也竟相进献寿礼，巴结这位小李子。李莲英的这种待遇绝不是一般太监所能享受的，即使是皇亲国戚、王公大臣，也不容易享受得到。因此人们怀疑李莲英是不是真太监，是有一定理由的。

据一些野史中记载，李莲英刚入宫时，是一位十六七岁、相貌秀媚可人的美少年，可与武则天的男宠“荷花六郎”相比，因此人们就把光绪七年慈禧患产后之症归罪于李莲英。另外，还有一段有趣的记载。当时著名学者王先谦督学江苏，很多人传说是他贿赂李莲英得来的。王先谦怕传闻弄假成真，有碍自己的清名，就上书弹劾李莲英，奏折中言及李莲英并非太监。慈禧看后大怒，“解李衣而众示之”，然后罢了王先谦的官。类似的故事听起

△ 李莲英

来很有意思，但不见得符合真实情况。慈禧太后是何等尊贵，怎么会作出“解李衣以示众”这样荒诞不经的事情来呢？

李莲英虽为太监，后经慈禧允许，娶下了京城名妓马芙蓉为他的“大福晋”，过继嗣子四人，于是有人怀疑李莲英是否是真的太监。其实，宦官娶妻者古来就有，在东汉时已很时髦。到了唐代，宦官娶妻养子之风更加盛行，只要财力允许，连一些中下层宦官也要讨个老婆。像这种畸形婚姻关系历朝历代都不鲜见。作为李莲英这样的总管太监，不仅有钱有势，而且积蓄丰富，他们虽然丧失了男根，但仍然羡慕正常男人的生活，希望获得有家有室的乐趣，以此弥补强烈的自卑心理。

那么，李莲英到底是不是真太监呢？追根溯源，还得从清代的太监制度说起。许多资料都表明，和前朝各代相比，清代对于内监“纯度”的控制是最严格的。太监在进宫之前要到专门的地方去阉割，伤好之后，还要经过严格的检验才能入宫。除了这最初的“防线”以外，太监每年还有严格的检查制度：清代的内务府就一年春秋两季检查太监，二次净身，三次净身的都有。通过贿赂漏检的，当官的要掉脑袋。太监的家都是穷到底的，有钱的人谁也舍不得割去命根子。净身后托人巴结一份差使，净身不干净，谁敢给引见啊！

与防范太监相对应，清宫里对年轻妃后也有严格的防范制度，这就是值夜。按照清制，在后、妃寝宫里值夜的只有宫女，没有太监。以慈禧太后的储秀宫为例，只要过了晚上八点，也就是“宫门下钥”的时间，没有差使的太监就必须离开储秀宫，值夜的太监也只能在室外巡逻。“上夜”的宫女至少有五个，各司其职：门口有两个，负责门户，只要寝宫的门一掩，不管职位多么高的太监，不经过老太后的许可，若擅自闯宫，非剐了不可，这是老祖宗留下的家法。在室内值夜的人也各有职分：更衣室门口一人，静室门口外一个，最重要的是卧室里的一个人，成为“侍寝”，要记住老太后睡觉和醒来的时间，起夜、喝水的次数等。这样一种安排，当然主要是为了侍候后、妃；其次也有限制年轻的后、妃的意思。

通过以上这些宫中规矩，我们可以看出，其实宫中之事并非人们想象的那样简单。应该说，中国的太监制度由来已久，为了保证皇帝在宫禁中的“绝对特权”，这项畸形制度到清末已经发展完善到了顶点，发生“宫闱秘事”的可能性，也自然早已被降到了最低点。所以不管是安德海还是李莲英，他们与慈禧太后的“秽乱宫闱”的故事，都只不过是好事者茶余饭后闲聊的话题。

据说李莲英在死前嘱咐家人为他装个木制生殖器，以便带着完整的躯体去见列祖列宗。但不知为什么，李莲英的墓中只有一个头骨，这也是不解之谜。

赵舒翘因何获罪身亡

在八国联军镇压了中国人民的反帝爱国运动之后，帝国主义列强又强迫清政府签订了《辛丑条约》。该条约在开篇便指责拳匪（义和团）最初挑起动乱，挑衅友好邻邦，以致酿成八国联军进军的事端。将八国联军侵华的罪行归咎于中国人民的正义斗争。条约的第二款是所谓“惩办伤害诸国国家及人民之祸首诸臣”。即要清政府遵照列强的意旨诛戮那些支持义和团“灭洋”的大臣。其中刑部尚书赵舒翘定为“赐令自尽”。中国内部事务竟在列强的胁迫和指令下进行，而慈禧太后为迎合八国联军，先将赵氏革职，定为监斩候，后又迫于八国联军的压力，改为“赐令自尽”。那么，赵舒翘是何许人也？他又是如何获罪和身亡的呢？

赵舒翘（1848～1901）进士出身，为人谨慎。曾经因为平反王树汶冤案而声震朝野。48岁任江苏巡抚，后任刑部尚书，入值军机。

赵舒翘被治罪的幕后原因，有下列几种说法。

一、赵舒翘虽然荣升军机处高官，不过他的军机大臣资历及声望浅些，和他的同事——满人刚毅相差甚远。赵舒翘和刚毅在刑部长期为同事。但因为刚毅是满人，赵舒翘凡事都唯刚毅马首是瞻，不敢立异。义和团之原委，赵舒翘何尝不知，朝廷命他去查看究竟，本来应该据实回奏，但刚毅却有意庇护义和团，赵舒翘为了保住仕途俸禄，竟然违背自己本意附和刚毅，没有把实际情况回奏朝廷，以致大错铸成，成为联军指名欲杀的战犯。

二、赵舒翘被治罪，是李鸿章的一个幕僚捣的鬼。这个幕僚的父亲曾是赵任江苏巡抚时的下属，因贪赃枉法被赵舒翘参奏而撤职。这个幕僚于是怀恨在心，伺机报复。在最初拟定的治罪大臣的名单中，并没有赵舒翘。这个

△ 赵舒翘

幕僚对李鸿章说，所惩办的王公大臣名单中没有汉族人，如果有人就此事向朝廷进言，朝廷将会起疑心，不如把赵舒翘列入其中，以杜口实，多年混迹官场的老官僚李鸿章这时被朝廷委以谈判全权代表重任，他为自己的前程，采纳了幕僚的建议，赵舒翘于是成了首祸诸臣之一（赵继声《赵慎斋先生年谱叙》）。

三、赵舒翘被列为首祸诸臣是外国和谈代表提出的。中方全权代表奕劻、李鸿章对此曾经据理力争，认为赵舒翘“无仇洋之举，更无罪可科”。至于奉命调查过义和团之事，最多不过革职。外国代表当时表示同意，但隔日却在照会中坚持原议，不许有丝毫更改，赵舒翘于是被重惩（陈夔龙《梦蕉亭杂记》）。

四、1900年夏，义和团运动风起云涌，与清军及洋人发生冲突。这时，赵舒翘已是刑部尚书，并入值军机。慈禧命令赵舒翘赴保定一带查看。赵舒翘回京复命时，曾向部下表示义和团不可依靠，并在给慈禧的密奏中表明了内情，也讲了自己的看法。但因当时慈禧想利用义和团去进攻帝国主义军队，使其两败俱伤，以便坐收渔之利。因此，对反对依靠义和团力量的声音不予理睬。后来，帝国主义要求惩处支持义和团的王公大臣时，慈禧为保全自己，却用赵舒翘等人做了替罪羊。据说八国联军攻占北京后，联军统帅瓦德西在慈禧居所仪鸾殿搜出赵舒翘给慈禧的密奏，瓦德西当即派人把奏折送交李鸿章，要求奏报逃至西安的慈禧等人赶紧为赵舒翘免罪，此事却被奕劻与李鸿章搁置，致使赵舒翘未能幸免（鲍心僧《赵尚书冤述略》；周政伯《赵尚书被冤述略书后》）。

赵舒翘是怎样身亡的？也是众说纷纭。《咸宁长安两县续志》、《清代七百名人传》中笼统地说他“自尽”身死。《清史稿》中写道：“初饮金，更饮以鸩，久之乃绝。”

一种说法赵舒翘是西安本地人，乡梓望重，赵舒翘是当时西安人做官做的最大的官，由刑部尚书到军机大臣。慈禧西逃，就是赵舒翘护驾到他的老家的。一听说要杀赵舒翘，西安绅民立刻起哄，各界人士便群起为赵舒翘请命，数万人在钟楼下游行示威。帝后逃到西安，惊魂未定，怎能再来个民变？慈禧只得令李鸿章与联军婉言相商，改“斩立决”为“赐自死”，让他得个全尸。赵舒翘时年54岁，体质强壮，加之内心总在想慈禧能有赦免的懿旨追来，因而吞金不死，服鸦片不死，又服数种毒药不死，折腾了几个时辰。监刑官因须限时复命急得要命，只好想出一法，用桑皮纸浸透烧酒，将他遍身及七孔通通糊住，使他不得呼吸。这样，一代刑律名家赵舒翘才归了天。

另一种说法来自西安当地的民间传说，认为赵舒翘死的地点在臬司衙门，而不是在家中。死前，先用黄表纸盖住口鼻，然后用酒喷，使赵舒翘窒息而死。赵舒翘之死应该说是清王朝腐败政治所致，由此可以想见当时政治斗争的残酷。

蔡锷是如何逃离北京的

△ 蔡锷

1913年10月10日，袁世凯宣誓就任中华民国正式大总统后不久，云南都督蔡锷便被袁世凯诱到北京，被委任为全国经界局督办、陆海军大元帅统率办事处处员、参政院参政等头衔，袁世凯企图借此笼络住蔡锷。蔡锷觉察到袁世凯是在紧锣密鼓地筹划复辟帝制，背叛共和，想做皇帝，便一心要尽快离京，再公开反对帝制，保卫共和；而袁世凯则设法羁留蔡锷于北京，绝不能放虎归山。为此，大批密探极为严密地监视着蔡锷的一举一动，蔡锷失去了行动自由。但1915年年末，蔡锷终于神秘地逃出樊笼，经天津东渡日本，再南下云南，举兵讨袁，举起护国运动的旗帜。

蔡锷是如何逃离北京的呢？电影、电视剧描述得一波三折、扣人心弦，而且说是美丽机智的名妓小凤仙助蔡将军神秘脱险的。

蔡锷利用小凤仙做掩护，的确有过记载，例如：陶菊隐在《北洋军阀统治时期史话》中说："（蔡锷）借着一个与小凤仙乘车出游的机会，十分机警地溜到了东车站。梁启超早已派家人曹福（天津人）买了两张三等票，在车站等候着。直到蔡锷上了车，曹福才悄悄地把一张车票塞到他的手里。

他们两人在车中装作互不相识。火车到了天津站，曹福护送他到意租界会见梁启超，与梁启超会谈后，又护送他到日租界同仁医院预先定好的房间下榻。”看来不仅和小凤仙有关系，还同梁启超有关系。

1984年9月12日《邵阳日报》刊登贺舜田的文章，披露他的岳母鲁龙珠老人回忆她父亲曾鲲化，筹划帮助蔡锷脱险的经过：曾鲲化与蔡锷是留日同学，当时任交通参事，是他策划了蔡锷出京方案。蔡锷同小凤仙游中央公园，在“来今两轩”饮茶休息。蔡锷将银元袋、巴拿马草帽（价值七十元的名贵草帽）放在茶桌上，长衫搭于椅背，悠然地吸烟品茗，密探坐在不远的茶桌前监视。不多时蔡锷起身对小凤仙说：“我去解手，你别离开。”只穿短衫去上厕，密探一时大意未盯紧，蔡锷绕过厕所出公园，直奔府右街石板房二十号曾鲲化家，换上曾龙珠之母的衫裙，扮女妆坐轿径自往崇文门火车站，曾鲲化在此接应，利用职务之便送蔡锷上车而去。这个新说法，除小凤仙外还得力于曾鲲化一家。

香港《大成》杂志上，还发表了许姬传先生《小凤仙谈蔡锷脱险》一文，这就更不容置疑了，蔡锷逃出北京与小凤仙的帮助紧紧连在一起。

可是，还有一种说法，蔡锷离京与小凤仙并无关系。哈汉章在《春耦笔录》书中记述说：1915年11月10日，哈汉章在钱粮胡同聚寿堂为祖母八十寿辰设宴，蔡锷应邀来祝寿，蔡锷与牌友打牌直到次日七点，密探困守通宵已乏，又见蔡锷牌局未散，玩性正浓，便疏忽大意。蔡锷乘机离哈宅直入新华门，因离上班还早，门卫很奇怪，以为袁世凯有事召他来，不敢多问。侍者问：“将军为何这么早来？”蔡锷故意看表，“我的表快了两个小时。”随即打电话约小凤仙十二点半到某处吃饭。片刻，蔡锷见已摆脱密探，便出西苑门，乘三等车赴天津，绕道日本返回云南。

哈汉章说蔡锷离京虽然和小凤仙没有直接关系，但因为请小凤仙约时间、地点吃饭的电话，小凤仙被密探盘问了一天，最终不得要领。密探就拿“小凤仙坐骡车赴丰台，车内掩藏松坡（蔡锷字松坡）”的话报告给上级了。哈汉章等人也就乘机宣传“小凤仙之侠义，掩人耳目。转日，小凤仙挟走蔡将军之美谈，传播全城矣”。还有最新被发现的资料，浙江图书馆有一份材料，是著名学者兼书画家张宗祥先生记述自己帮助蔡锷脱险的经过。

这份材料的题目叫《记一幕猴戏》，张宗祥将袁世凯复辟帝制、登基做皇帝，讥讽为“一幕猴戏”，记录了他在当时“亲历亲见亲闻”的许多事情。在这份材料的《后记》里说：“予向不参加任何党会，因百里（蒋方震）识松坡（蔡锷），二人皆进步党，往还意气之间尚相得。公侠（陈仪）追蔡之信既得，他人皆袁氏注目，予时一冷曹，且无政治色彩，乃自任之。速蔡行外，兼在津市赁一宅。”张宗祥通过蒋方震介绍，结识了蔡锷，两人意气相投，有了交往。陈公得到消息，即袁世凯“追蔡之信”，别人都被袁氏一伙人注意，只张宗祥这个文人当个闲官，而且没有政治色彩，不参加任何党派，于是自告奋勇承担了催促和安排蔡锷外逃的事，还在天津租赁好了住宅。如此看来，是张宗祥帮助蔡锷逃离了北京。那么，流传最广的小凤仙掩护蔡锷出京的事，则需要考证了。至于梁启超、曾鲲化、哈汉章，以及张宗祥，帮助蔡锷逃离北京之事是否真实，也很难作结论，这个谜看来一时还难以解开。

吴佩孚是被日本人害死的吗

1940年2月6日，北平城中刚下过一场大雪，冷风凄凄。天刚蒙蒙亮，从东城什锦花园走出一支长长的送葬队伍，足有千人之多，有亲属、重庆国民政府偷偷派来的使者，还有一些日本人也夹杂其中。一路上电车、汽车全部停驶，路旁站满了人，自发聚集的北平市民原来是为直系军阀头子吴佩孚送行……为什么有那么多人为其送葬，吴佩孚又是怎么死的呢?

在中国近现代史的军阀混战时期，直系军阀头子吴佩孚曾显赫一时，自诩为一代名将。北伐之后，兵败逃到四川。九·一八事变后，吴佩孚出山抗日，于1932年年初到达北平，此时的“威孚上将军”已是名存实亡，蒋介石曾明示北平政治分会主席张学良对失势的吴氏“敬鬼神而远之”。虽然如此，吴佩孚抗日的决心却是坚定的。

1931年九·一八事变以后，日本帝国主义扶植溥仪搞伪满洲国，吴佩孚当即通电反对。1935年日本侵略者策动汉奸搞华北自治，请吴佩孚做“华北王”。吴佩孚愤然作色道：“自治者，自乱也。”加以拒绝。

1937年七·七事变后，日军要他出任北平维持会会长，他也断然拒绝。1938年日本侵略者决定把华北伪政府和伪南京政府合并为一个汉奸政权，日本大特务土肥原贤二又要拉吴佩孚做“中国王”，吴佩孚说：“叫我出来也行，你们日本兵必须全部撤出中国去。”日本侵略者当然不会撤兵。吴佩孚大义凛然拒做汉奸，使日本人十分恼火，决定杀害他。

1939年12月4日，吴佩孚死在了北平。

吴佩孚究竟是怎样死的？1939年年底，吴佩孚因无力摆脱日方纠缠，气急交加。突患牙疾，肿痛难耐。按照医理，牙病肿痛期间不可拔牙，否则就

△ 吴佩孚

会感染。但日寇头子板垣征四郎立刻指示日本牙医伊东前去探望，并下达为吴佩孚拔牙的指示。吴佩孚与伊东熟识，在伊东的再三劝说下便同意拔牙，谁知拔后即刻肿胀起来，到晚间已经说不出话来，四天后甚至连水也不能下咽了。德国名医诊断认为须入院做手术，并让赶快送往东交民巷的德国医院。吴佩孚素有“不入租界”的誓言，而德国医院正在东交民巷，所以对入院治疗坚决拒绝。

吴佩孚周围唯一没有被日本人收买的是秘书帮办张伯伦，他在12月4日最后一个单独去看吴佩孚，吴佩孚断断续续地说：“死了的好，死了的好。”又说：“将来美日必有一战，中国定可雪耻报仇。”下午三点，几辆小汽车急速驶向吴宅，当年直系头子之一、汉奸齐燮元与日本特务川本大作带领日本军医石田等及日本宪兵进入吴宅，并且不许外人入内。进屋后，不顾家属奋力阻拦，拿出钢条和手术刀，开始撬吴佩孚的嘴巴，狭长的手术刀随着日本军医颤抖的手向嘴里伸去……吴佩孚的五姑爷张瑞丰心头一紧，大喝一声：“慢着！”川本气势汹汹地奔过去，用威胁的姿态问：“你——什么事？”张瑞丰怒目相问：“为什么不打麻药？”一句话提醒了吴佩孚的妻子，她也大声抗议：“既然是开刀，为什么不打麻药？”狐狸尾巴露出来了，石田满脸苦笑，十分窘迫，在皮包内翻了半天才拿出针剂，给吴佩孚注射了一针。然后，他撬开吴佩孚的牙齿，张瑞丰亲眼目睹，那把狭长锋利的手术刀，并不指向灌脓肿胀的牙龈，而是猛地刺向吴佩孚的喉咙，只听“啊”的一声惨叫，鲜血从吴佩孚的嘴里喷射出来，直喷到两个护士的脸上。吴佩孚两眼几乎迸裂出来，怒视着川本一伙，鲜血还在汩汩地往外流，顷刻，气绝身亡。在动手术时，吴佩孚的夫人张佩兰一直被齐燮元挡着不能近前。吴佩孚去世的消息传遍了北平城，“大帅没有屈服于日本人”也感动了北平的老百姓，到了送葬的日子，纷纷前来送别……

吴佩孚之死到底隐藏着什么样的内情，至今仍然是个令人费解的谜。